MES SOUVENIRS SUR NAPOLÉON

JEAN-ANTOINE CHAPTAL

ALICIA EDITIONS

TABLE DES MATIÈRES

AVANT-PROPOS ... 1

Partie I
LA JEUNESSE DE BONAPARTE
ENFANCE ET ÉDUCATION DE BONAPARTE. ... 7
LES DÉBUTS DE BONAPARTE. ... 16

Partie II
LES IDÉES ET LES JUGEMENTS DE BONAPARTE
COMMENT BONAPARTE EST-IL PARVENU AU GOUVERNEMENT DE LA FRANCE ? ... 35
QUELS SONT LES PRINCIPES DE GOUVERNEMENT QU'A SUIVIS BONAPARTE PENDANT LE CONSULAT. ... 48
OPINION DE NAPOLÉON BONAPARTE SUR LE COMMERCE, L'INDUSTRIE ET LES ARTS. ... 83

OPINION DE NAPOLÉON SUR L'ARMÉE, ET QUELQUES PRINCIPES SUR LA GUERRE.	102
OPINION DE NAPOLÉON SUR LA RÉVOLUTION.	113

Partie III
LE CARACTÈRE INTIME DE BONAPARTE

BONAPARTE DANS SON INTÉRIEUR.	121
MES VOYAGES AVEC BONAPARTE.	159
DE LA POLICE DE BONAPARTE.	169

AVANT-PROPOS

L'impartiale postérité ne verra pas sans étonnement un jeune homme sans fortune et sans protection, issu d'une famille plébéienne, sortir de la petite ville d'Ajaccio, s'asseoir sur un des premiers trônes du monde, obtenir la main d'une archiduchesse d'Autriche, se faire couronner par le Pontife de Rome, soumettre à sa domination presque toutes les puissances de l'Europe, donner des lois à Moscou et au Caire en Égypte, et établir successivement ses frères sur les trônes d'Espagne, de Naples, de Hollande et de Westphalie.

Ces événements, quelque extraordinaires qu'ils paraissent, la frapperont peut-être moins encore que la chute de ce colosse, abattu en quelques jours, en 1814, puis relevé, comme par miracle, en 1815, et précipité pour toujours, trois mois après, par les forces réunies des puissances qu'il avait tenues jusque-là sous sa domination.

Sans doute ces effroyables catastrophes paraîtraient moins étonnantes, si elles étaient survenues dans des siècles de barbarie ou au milieu de nations sauvages ; mais c'est dans la partie du monde la plus civilisée, dans des pays où l'art de la guerre est le plus perfectionné, que ces événements se sont passés. Et l'histoire les transmettra aux siècles à venir comme une de ces révolutions, heureusement très rares, qui, à diverses époques, ont bouleversé tout le globe.

On se demandera alors avec empressement quel était donc cet homme qui, pendant vingt ans, a occupé toutes les bouches de la renommée ; on recherchera avec avidité jusqu'aux plus petits détails de sa vie domestique. On voudra savoir par quels moyens il est parvenu à la domination universelle et quelles sont les causes principales de sa chute.

Mais si on consulte le petit nombre des écrits qui passeront à la postérité et qui pourront lui transmettre quelques renseignements, on ne trouvera, d'un côté, que la plus dégoûtante apologie des qualités et des vertus du héros, de l'autre, la peinture la plus hideuse de ses vices et de son ambition. Les uns le représentent comme un dieu tutélaire, revêtu de toutes les qualités, de toutes les vertus et de tous les talents, ne pensant, n'agissant, ne respirant que pour le bien de l'humanité ; les autres ne lui accordent ni talent ni moyens. Ses succès sont, à leur avis, l'effet du hasard ; son élévation, le résultat de l'audace et de la perversité. Tous le jugent avec passion, et la postérité ne pourrait point se former une idée exacte de cet homme extraordinaire, d'après les écrits qui ont été publiés jusqu'à ce jour.

Comme j'ai été attaché à d'importantes fonctions publiques pendant le règne de Napoléon et que j'ai eu avec lui des rapports assez intimes durant ces seize années, j'ai pu l'étudier et l'apprécier. Je l'ai pu avec d'autant plus de succès que j'ai constamment joué, auprès de lui, le rôle d'un observateur impassible. Je crois ne m'être jamais fait illusion ni sur ses défauts ni sur ses qualités. Et, aujourd'hui qu'il est mort pour ses contemporains[1], je pourrais montrer des notes rédigées au sortir de sa société, dans lesquelles j'exprime littéralement l'opinion que j'émets dans le cours de cet ouvrage. J'ai suivi progressivement la marche de Napoléon depuis les premiers jours de son consulat jusqu'à sa chute. J'ai vu par quels moyens et à la faveur de quelles circonstances il s'est élevé du rang de citoyen à celui de prince, par quels principes il est parvenu à subjuguer sa nation et à dominer l'Europe, par quelles fautes il s'est précipité lui-même de son trône. J'ai cru que le tableau fidèle de ses qualités et de ses défauts pourrait présenter quelque intérêt aux peuples et aux rois, et je l'ai tracé, non dans l'intention de le rendre public, mais pour ne pas laisser échapper de ma mémoire une foule de faits qui, seuls, peuvent faire connaître un des hommes les plus extraordinaires qui aient encore paru.

---

1. Ces lignes étaient écrites en 1817.

PARTIE I
LA JEUNESSE DE BONAPARTE

ENFANCE ET ÉDUCATION DE BONAPARTE.

Napoléon Buonaparte naquit à Ajaccio le 15 août 1769. (Je l'appellerai Bonaparte, parce que, dans la campagne d'Italie, où il se couvrit de gloire, il supprima l'*u* de son nom, pour ne plus paraître d'origine étrangère.)

Il était le second d'une famille qui a compté quatre garçons et trois filles, et qui n'avait ni fortune ni illustration. Dès qu'il fut arrivé à la suprême puissance, il ne manqua pas de généalogistes dont un le faisait descendre des empereurs de Trébizonde. Lorsqu'on lui présenta cette généalogie, Bonaparte répondit :« C'est celle de tous les Corses, mais la mienne est toute française ; elle date du 18 brumaire. »

Je ne lui ai jamais entendu parler ni de sa noblesse ni de ses aïeux.

Sa mère, Lætitia Fesch, a été une très belle femme, et c'est à ses liaisons avec M. de Marbeuf, gouverneur de l'île, que le jeune Napoléon a dû de pouvoir entrer dans la carrière militaire et d'obtenir une place gratuite à l'école royale de Brienne.

Le jeune Napoléon annonça de bonne heure un goût particulier pour les études abstraites. Sa mère m'a dit souvent que son fils Napoléon n'avait jamais partagé les amusements des enfants de son âge, qu'il les évitait avec soin, et que, très jeune encore, il s'était fait donner une petite chambre au troisième étage de la maison, dans laquelle il restait renfermé seul et ne descendait même pas très souvent pour manger avec sa famille. Là, il lisait constamment, surtout des livres d'histoire.

Lorsqu'il lui arrivait quelquefois de se trouver dans la société, ou bien il ne prenait aucune part à la conversation, ou il frondait l'opinion dominante avec humeur. Un jour que M. de Marbeuf parlait des moyens qu'il allait employer pour pacifier la Corse : « Bah ! » répondit brusquement Napoléon, alors âgé de dix à douze ans, « dix jours de règne d'un pacha feraient plus pour pacifier la Corse que dix ans de votre gouvernement », et il remonta dans sa chambre.

Les études à l'école de Brienne avaient tellement altéré sa santé que sa mère, qui en fut instruite, fit le voyage pour l'en retirer. Elle consulta d'abord les professeurs pour savoir si son fils pouvait continuer son instruction sans compromettre sa santé. Tous l'assurèrent que, quoique prodigieusement maigri, il se portait bien ; mais le professeur de mathématiques observa qu'elle devait le retirer, parce qu'il perdait son temps depuis six mois. Comme sa mère paraissait attristée du propos, le professeur ajouta de suite : « Je dis qu'il perd son temps, parce qu'aucun de nous n'a plus rien à lui enseigner qu'il ne sache. »

Je tiens ces faits de madame sa mère. La famille de M. de Brienne l'avait distingué à l'école, le recevait au château et lui permettait de disposer de ses chevaux pour se promener dans le voisinage. Bonaparte en parlait souvent avec l'expression de la plus vive reconnaissance, ainsi que des bontés qu'avait eues pour lui M. de Marbeuf en Corse. Pendant son règne, il a recherché avec empressement tous les membres de ces deux familles et les a comblés de déférence et de bon accueil.

Lorsque la Révolution éclata, Napoléon avait alors vingt ans. À cet âge, un jeune homme, nourri de l'histoire des peuples et des révolutions des empires, ouvre aisément son âme aux espérances qu'on lui donne et à tout le bien qu'on lui promet. Il compte pour rien les institutions qui ont subi l'épreuve du temps, et les habitudes sociales qui forment le caractère et la loi des peuples. Bonaparte entra donc avec ardeur dans la carrière de la Révolution, et il y porta cet esprit inquiet, frondeur et absolu qu'il avait manifesté jusque-là.

À l'école d'application de Valence, où il continuait ses études comme officier d'artillerie, il se fit bientôt distinguer par ses principes démocratiques et par la profondeur de ses connaissances dans son art, surtout par les vues nouvelles qu'il émettait et les changements qu'il proposait. Tous les officiers supérieurs le signalaient déjà comme un homme qui parviendrait à la première place du corps et surpasserait tout ce que l'arme de l'artillerie avait eu de plus célèbre. M. de Montalivet, qui l'avait beaucoup connu à Valence, m'a rapporté plusieurs fois ces faits.

L'application à ses devoirs et ses études sur son art ne l'empêchaient pas de s'occuper de politique, et, là-dessus comme sur tout le reste, il était absolu dans ses opinions. Un jour, il se trouva à dîner, à la campagne, avec plusieurs de ses camarades ; une question s'engagea entre eux sur les pouvoirs d'une représentation nationale, et une discussion très vive eut lieu à ce sujet entre lui et le capitaine de sa compagnie. Bonaparte partit à pied pour s'en retourner à Valence. Un orage qui survint l'obligea à se mettre à l'abri sous un arbre. Son capitaine passa, un moment après, dans son cabriolet, seul, et fit semblant de ne pas le reconnaître. Napoléon, parvenu au faîte du pouvoir, ne lui a jamais pardonné ce manque de courtoisie, et lorsque MM. de Montalivet, de Pommereul et autres, lui ont demandé de l'avancement pour cet officier, il s'y est constamment refusé en leur disant que *c'était un mauvais cœur*. Cette conduite a dû paraître d'autant plus étonnante à ceux qui en ignoraient les motifs, qu'il a recherché et placé avantageusement tous ceux qu'il avait connus à cette époque, tels que MM. de Montalivet, de Pommereul, des Mazis, etc.

Je donnerai ici un exemple assez remarquable du degré de reconnaissance qu'il avait conservé pour les instituteurs de sa jeunesse. Je lui présentai un jour une liste de candidats pour remplir les quatre places d'inspecteurs généraux des études qu'il venait de créer. Le premier que je lui proposai était le vénérable dom Despaux, Bénédictin, âgé de quatre-vingts ans, et qui, après avoir été supérieur du collège de Sorèze pendant quarante ans, était réduit, pour vivre, à donner des leçons dans Paris. Le premier Consul le nomma sans hésiter, et après en avoir choisi deux autres sur ma liste, me dit qu'il réservait la quatrième place pour M. Domairon, l'un de ses anciens instituteurs à Brienne.

Ce M. Domairon, connu par quelques ouvrages classiques, avait disparu dans les orages de la Révolution, et je ne savais où le trouver. Je témoignai mon embarras au premier Consul, qui me dit d'écrire au gouverneur des Invalides pour avoir des renseignements. Celui-ci me répondit que Domairon avait quitté l'hôtel depuis cinq ans, et qu'on ne savait pas ce qu'il était devenu. Me voilà à sa recherche pendant huit mois. J'écris aux libraires qui vendaient ses ouvrages, je consulte les moines de son Ordre qui l'avaient connu ; tous ignorent ce qu'il a pu devenir. Je propose au premier Consul de le remplacer ; il s'obstine à lui conserver sa place, en m'assurant que je parviendrais à le découvrir.

Enfin, après huit mois de vaines recherches, le premier Consul étant allé visiter la Normandie, où je l'accompagnai, nous nous arrêtâmes deux jours à Dieppe. Un maître de pension vint me présenter ses élèves, et après les compliments d'usage, je lui demandai son nom : il me répondit qu'il s'appelait Domairon. Je m'assurai par des questions que c'était bien là le vrai Domairon. Je lui appris ce que le premier Consul avait fait pour lui, et je le conduisis de suite chez Bonaparte pour le remercier. Le premier Consul l'accueillit à merveille, lui parla beaucoup de Brienne, lui dit de traiter de son institution et de venir à Paris. Comme M. Domairon m'observa qu'il n'avait aucune fortune et qu'il avait contracté quelques dettes pour s'établir à Dieppe, je lui payai les huit mille francs échus de son traitement depuis sa nomination.

Cet accueil fait par le premier Consul à l'un de

ses anciens maîtres à Brienne ne me laissa aucun doute sur celui qui était réservé à M. Lebreton, ancien recteur de l'école de Brienne, et dans le moment directeur de celle des arts et métiers à Compiègne. Nous y arrivâmes le lendemain. En descendant de voiture, nous trouvâmes M. Lebreton à la porte du palais, et ses élèves disposés sur trois rangs dans toute la longueur de la cour. Le premier Consul écouta avec une impatience marquée la harangue du directeur, traversa, sans s'arrêter, la cour et monta dans son appartement, où je le suivis : « Je ne veux pas que Lebreton reste ici, dit-il brusquement. — Je n'ai qu'à me louer de son administration, lui répondis-je ; il me serait difficile de le remplacer par un homme plus zélé, plus probe, plus économe et plus ferme. — Tout cela peut être vrai, répliqua le premier Consul, mais je ne veux pas qu'il reste ; il est trop dur. » Je lui proposai alors de le nommer proviseur du lycée à Reims. « Oui, dit-il, il sera mieux là. »

Lebreton s'était aperçu du froid accueil que lui avait fait le premier Consul. Je lui racontai ce qu'il avait fait pour Domairon. Je l'invitai à sonder sa conscience, pour savoir le vrai motif de cette défaveur. Après quelques moments d'hésitation, il me confia que, dans son Ordre, il passait pour un homme sévère, que sa haute taille et sa figure rébarbative en imposaient à la jeunesse, et que ses supérieurs le choisissaient constamment pour aller rétablir l'ordre dans leurs collèges. « C'est à ce dessein, me dit-il, que je fus envoyé à Brienne. J'y trouvai l'insubordination la plus complète, le désordre le plus scandaleux. Mais trois jours suffirent pour faire tout rentrer dans le devoir. Deux ou trois de ces jeunes gens crurent se venger par des chansons et poussèrent l'audace jusqu'à venir les chanter sous mes fenêtres, à neuf heures du soir. Je pris patience pendant deux jours ; mais, le troisième, je me tapis derrière ma porte, que je laissai entr'ouverte, et, au moment où ils ouvraient la bouche, je m'élançai sur eux, j'en pris un au collet ; *c'était le petit Corse*. Il fut trois jours aux arrêts. *Indè ira* », ajouta-t-il gravement.

Quelques jours après, ayant eu occasion de parler au premier Consul de la conduite de Lebreton à Reims, il me donna tous les détails de la scène qui s'était passée à Brienne, mais sans me nommer les auteurs.

Je placerai ici une anecdote qui concerne M. de Montalivet et qui servira à faire connaître le premier Consul. Sous mon ministère, la préfecture de la Manche étant venue à vaquer, Bonaparte profita de cette circonstance pour attacher M. de Montalivet aux fonctions publiques et m'ordonna de lui écrire de sa part pour lui offrir cette préfecture. Montalivet se rendit bientôt à Paris, et je le conduisis à Malmaison, chez le premier Consul, où il passa toute la journée. Bonaparte l'accabla de questions relatives à leur séjour à Valence, à ce qu'ils y avaient fait et aux personnes qu'ils y avaient connues. Les événements les moins importants étaient dans sa mémoire ; il se rappelait tous les noms ; il ne se trompa jamais sur le parti qu'avaient dû prendre, dans la Révolution, les nombreux individus de sa connaissance : il jugeait leur caractère, leurs opinions, leurs talents avec une telle vérité que Montalivet en était étonné. Enfin, il lui demanda avec intérêt des nouvelles d'une limonadière chez laquelle ils allaient souvent prendre du café. Sur la réponse que lui fit Montalivet que cette femme vivait encore, il lui dit : « Je crains bien de n'avoir pas payé exactement toutes les tasses de café que j'ai prises chez elle ; voilà cinquante louis que vous lui ferez passer de ma part. »

LES DÉBUTS DE BONAPARTE.

En sortant de l'école de Valence, Napoléon fut placé dans une compagnie d'artillerie qui était à Nice, où il se rendit ; mais, peu de temps après, il obtint un congé et s'embarqua pour la Corse. En arrivant, il se lia intimement avec Paoli, qui y exerçait une grande influence ; il se fit nommer commandant de la garde nationale et acquit bientôt un tel empire sur les esprits que Paoli, qui déjà méditait de livrer l'île à l'Angleterre, en conçut de l'ombrage.

Sur ces entrefaites, M. de Sémonville fut envoyé en Corse pour y remplir une mission. Bonaparte vint le trouver le lendemain de son arrivée et ne lui cacha pas qu'il avait quitté sa compagnie d'artillerie pour venir prendre le commandement de la garde nationale et déjouer les projets de

Paoli, qui lui paraissait très disposé à livrer l'île aux Anglais. Comme la mission de M. de Sémonville avait le même but, ils n'eurent pas de peine à se lier et à s'entendre.

Quelques jours après son arrivée, M. de Sémonville reçut les papiers de Paris qui lui annonçaient le déplorable événement de la mort du Roi. Bonaparte, qui était présent, s'écria à plusieurs reprises : « Oh ! les misérables ! les misérables ! Ils passeront par l'anarchie. »

Quelque temps auparavant, M. de Volney, de retour de son fameux voyage en Égypte et en Syrie, s'était fixé en Corse, où il avait acquis un domaine considérable. Il s'était intimement lié avec Paoli et le jeune Bonaparte, dont il avait su apprécier les talents précoces. Il m'a souvent raconté que Paoli parlait toujours du jeune Napoléon avec admiration. Il paraît même que son séjour en Angleterre n'avait pas changé son opinion, car Mgr le duc d'Orléans, qui l'y a beaucoup connu, m'a dit qu'il était enthousiaste de ses victoires. Paoli disait à Volney que ce jeune homme portait la tête de César sur le corps d'Alexandre, et ajoutait qu'il y avait en lui dix Sylla.

Paoli, qui n'était pas militaire, s'était d'abord déchargé sur le jeune Napoléon de tout le soin de la garde nationale ; mais il ne tarda pas à s'apercevoir que celui-ci lui inculquait des principes qui n'étaient pas les siens, et qu'il prenait sur elle un ascendant dont il était jaloux ; il s'en était ouvert plusieurs fois à Volney, qui en avait instruit son ami. Celui-ci, confiant et tranquille, lui répondait constamment : « Il a besoin de moi. » Volney insistait toujours pour lui faire partager ses craintes ; il lui prédisait que Paoli ferait incessamment enlever toute sa famille pour la transporter sur le continent. Bonaparte lui répliquait qu'« il avait trop tardé, et que, dans le moment, il était plus fort que lui, et qu'au moindre mouvement de Paoli, il serait arrêté lui-même ».

Paoli dissimula longtemps ; mais au moment de faire éclater ses projets, secondé par les émissaires anglais, il fit enlever la famille Bonaparte, qui vint se fixer à Marseille.

Volney, ami de Napoléon, devint suspect au soupçonneux Paoli ; il s'en aperçut, et ne voulant plus rester dans l'île, il annonça son projet, afin d'obtenir du temps et du repos, et mit ses biens en vente. Il continua à voir Paoli, qui ne lui marquait plus la même confiance et qui, pour s'en débarrasser plus vite, facilitait de tout son pouvoir la vente de sa propriété.

Volney m'a dit une fois que, lorsque, par la suite, il avait vu Bonaparte procédant au partage des royaumes et à la distribution des couronnes, il s'était rappelé que, pendant leur séjour en Corse, il l'avait presque forcé à lui céder pour une très modique somme une portion de son domaine ; on eût dit, ajoutait-il, qu'il préludait alors au partage du gâteau des Rois.

Pendant son séjour à Marseille, Bonaparte s'occupa de ses études et de sa famille, qui y vivait de la mince pension que le gouvernement faisait aux réfugiés corses ; il y maria son frère aîné, Joseph, avec la fille aînée de M. Clary, riche et honnête négociant ; il voulut lui-même épouser la seconde, mais les parents la lui refusèrent ; elle est devenue, par la suite, la femme du général Bernadotte, aujourd'hui roi de Suède.

Bonaparte se lia avec un vieux colonel qui commandait l'arme de l'artillerie à Marseille. Ce vieux militaire, âgé de quatre-vingt-quatre ans, et qui, depuis plusieurs années, n'était pas sorti de sa chambre, reçut l'ordre du Comité de salut public de fortifier Marseille pour mettre cette place à l'abri d'un coup de main. Ce vieillard, que son âge et ses infirmités retenaient chez lui, pria le jeune artilleur de vouloir bien le suppléer et d'exécuter lui-même les ordres du Comité. Celui-ci s'en acquitta en très peu de temps et partit pour Nice, où il venait d'être nommé à un commandement de l'arme de l'artillerie.

En passant à Toulon pour se rendre à son nouveau poste, il s'y arrêta pour voir le général Carteaux, qui en commandait le siège contre les Anglais. Cet homme qui, de mauvais barbouilleur d'enseignes à Paris, était parvenu au généralat, sans talents comme sans services, et conséquemment par l'intrigue des clubs, pria le jeune Bonaparte de visiter avec lui les batteries de siège qu'il venait d'établir ; ils montent à cheval, font plus d'une lieue de chemin, et arrivent à un énorme tas de fumier dont le vieux général avait fait la plate-forme de sa batterie sur laquelle il avait disposé quelques mauvais canons. Bonaparte, n'apercevant aucun boulet, lui demanda où il les gardait en réserve. Carteaux lui répondit que, comme son intention était de brûler la flotte anglaise, il les tenait dans les maisons des paysans, empilés aux coins de la cheminée de la cuisine et gardés par des grenadiers pour les faire rougir au plus vite et les porter eux-mêmes aux pièces avec des mordaches qu'il avait fait faire exprès. À chaque question du jeune officier, le vieux général répondit qu'« il avait tout prévu, qu'il avait placé ses canons sur du fumier pour éviter l'incendie, très commun, des plates-formes en solives de bois, qu'il n'avait pas voulu établir des grils pour chauffer des boulets, parce qu'il avait trouvé des foyers tout faits dans les cheminées des paysans, et que, d'ailleurs, si une sortie de l'armée anglaise arrivait jusqu'à la batterie, il aurait bientôt délogé, et, le lendemain, sa batterie pourrait être rétablie là où il le jugerait convenable ».

Bonaparte se hasarda à lui faire craindre que sa batterie ne fût placée trop loin du port ; il lui fit connaître la portée des pièces qu'il employait et lui dit qu'en jugeant de la distance à l'œil et par approximation, ses boulets, loin d'arriver dans le port, ne parviendraient pas à moitié chemin des remparts de la ville. Cartaux lui répliqua qu'il était sûr de son fait, qu'il avait bien pris ses mesures, et que si, par hasard, ses boulets n'arrivaient pas jusqu'à la flotte, la poudre serait mauvaise, et qu'il ferait pendre, comme traître et conspirateur, le directeur de la poudrerie de Saint-Chamas, qui la lui avait fournie. Bonaparte lui proposa de lancer un boulet pour décider la question ; le boulet fut lancé et arriva à peine à moitié chemin. Nouvelles imprécations contre le directeur de Saint-Chamas, menaces de le faire pendre ; il fallait des exemples ; la République était trahie de toutes parts ; enfin, lorsque Carteaux eut terminé ses imprécations, Bonaparte lui dit froidement que tout cela n'améliorerait pas les poudres, et qu'il fallait rapprocher ses batteries. Je tiens cette anecdote de Bonaparte lui-même, qui riait encore en me la racontant.

Carteaux, qui avait l'intrigue d'un parvenu et la confiance d'un ignorant, a été, sous tous les gouvernements qui se sont succédé, employé non dans les armées, mais dans les places de guerre ; il offrait au ministre du jour de peindre ses campagnes, et, comme le premier tableau n'était jamais fini lorsque survenait un remplaçant, il retournait le tableau pour peindre sur la même toile les batailles du nouveau ministre. J'ai vérifié ces faits à Vincennes dans le temps qu'il y était gouverneur.

Je l'ai vu, à la Malmaison, présenter au premier Consul de vraies caricatures qu'il appelait des dessins sur la campagne d'Italie, en lui témoignant le désir d'en faire des tableaux. Bonaparte parut empressé à répondre à ses vœux ; mais il eut occasion de s'exprimer en éloges sur le compte du fameux Frédéric, roi de Prusse, et Carteaux lui en envoya le portrait le lendemain. Ce portrait fut placé dans le cabinet de la Malmaison, où je l'ai vu très longtemps.

En arrivant à Nice, Bonaparte y trouva Robespierre le jeune et Turreau, en mission auprès de l'armée. Ces représentants voyaient leurs détachements harcelés par les *barbets* des montagnes et n'osaient faire faire aucun mouvement à leurs troupes ; ils témoignèrent toute leur inquiétude au jeune officier. Celui-ci parcourut les environs de la ville et leur proposa un plan de campagne qui fut adopté. Trois ou quatre jours après, on ne vit plus de *barbets*. Ce succès donna aux représentants une haute idée des talents du jeune artilleur.

Quelques jours après, Robespierre le jeune reçut l'ordre du Comité de salut public de faire arrêter Bonaparte et de le faire conduire par la gendarmerie aux prisons de la Conciergerie à Paris. Il fut aussitôt mandé auprès du représentant, qui ne crut pas devoir lui laisser ignorer l'arrêté qu'il venait de recevoir et qui, par l'intérêt qu'il lui portait, tâcha de découvrir les causes qui avaient pu motiver un ordre aussi sévère ; le jeune officier confessa toute sa conduite, qui paraissait irréprochable. Robespierre lui dit alors qu'il allait écrire à son frère pour l'engager à faire rapporter l'arrêté, mais qu'en attendant il ne pouvait pas se dispenser de le mettre en arrestation chez lui, sous la garde d'un gendarme ; il l'assura qu'il espérait un bon résultat de ses démarches. Voilà donc Bonaparte aux arrêts dans son domicile. Junot (depuis duc d'Abrantès) logeait avec lui ; mais, moins rassuré que son ami, il lui proposait chaque jour d'étouffer le gendarme, de s'emparer, pendant la nuit, d'une barque du port et d'aller se cacher dans les forêts de la Corse. Bonaparte, plus confiant, se refusa constamment à ces propositions.

Au bout de quinze jours, le rapport de l'arrêté arriva de Paris, et le jeune prisonnier recouvra sa liberté.

Bonaparte, qui pendant ses quinze jours de captivité n'avait eu qu'à se louer de la conduite du gendarme qu'on avait préposé à sa garde, l'a appelé auprès de lui, du moment qu'il a eu le pouvoir, en qualité d'adjudant du palais. Je l'ai vu aux

Tuileries, pendant tout le règne de l'Empereur, aux appointements de 4,000 fr.

Bonaparte ne put connaître les motifs de son arrestation que quelques mois plus tard, pendant son séjour à Paris. Il apprit alors qu'après son départ de Marseille pour se rendre à Nice, des membres du club étaient allés visiter les fortifications qu'il y avait construites à la hâte ; ils y avaient observé une batterie tournée vers la ville et qu'on avait destinée à défendre et balayer la campagne en tirant par-dessus les maisons. Nos modernes Vaubans dénoncèrent au club cette disposition comme hostile ; rapport en fut fait en assemblée générale ; délibération s'ensuivit ; le corps d'artillerie fut dénoncé au Comité de salut public comme entaché de conspiration contre la République, et tout aussitôt fut rédigé l'arrêté qui traduisait à la Conciergerie le vieux colonel d'artillerie infirme et âgé de quatre-vingt-quatre ans.

Lorsque le vieux colonel comparut au tribunal, on lui fit connaître son acte d'accusation. Celui-ci se borna à répondre que, depuis six ans, son âge et ses infirmités le retenaient dans son lit ; qu'il n'avait quitté son domicile, depuis cette époque, que pour être transféré à la Conciergerie ; que, jaloux d'exécuter promptement les ordres du Comité de salut public, il en avait chargé un jeune officier d'un grand mérite ; on lui demanda le nom et la résidence du jeune officier ; il répondit qu'il s'appelait Bonaparte, et qu'il le croyait employé à Nice. On rendit le vieillard à la liberté, et l'ordre d'arrêter le jeune Napoléon fut expédié immédiatement.

Volney, que nous avons laissé en Corse occupé à vendre ses propriétés, n'avait plus entendu parler de Bonaparte ; il quitta l'île et s'embarqua pour Nice. À son arrivée dans cette ville, son ami de Corse fut la première personne qu'il y trouva, et celui-ci l'invita à dîner, ce jour-là même, avec le représentant Turreau.

Après dîner, Bonaparte demanda brusquement à Turreau s'il ne rougissait pas de rester à Nice avec une armée inactive de dix mille hommes, et s'il croyait que la guerre des *barbets* suffît pour illustrer la France et affermir la République. Turreau lui répondit qu'il n'avait aucun ordre du Comité de salut public. « Eh bien ! » répliqua Bonaparte, « c'est à vous à lui en faire honte. Et si, demain, vous voulez nous donner à dîner, à Volney et à moi, je vous développerai mon plan, d'après lequel, avec douze à quinze mille hommes de plus, je me charge de conquérir l'Italie. »

Le dîner fut convenu, Bonaparte communiqua son plan, rédigé en dix-sept articles, dont il fit deux lectures. Il fit connaître sa marche et ses principaux moyens d'exécution.

Turreau lui observa que son armée serait très inférieure en nombre à celle de Beaulieu ; qu'elle était plus mal approvisionnée, et que, d'ailleurs, la résistance que lui opposeraient les places fortes du Piémont permettrait au général autrichien de se recruter, de choisir et de fortifier ses positions, et que, dans un mois, il se trouverait cerné entre l'armée du Piémont et celle d'Autriche.

« Tout est prévu », lui dit Bonaparte, « dès mon début, je livre bataille à Beaulieu et la gagne. Je porte la terreur dans le cœur du Piémont qui m'est découvert, je me fais livrer ses places fortes pour garantir ses États, et je marche sur Beaulieu, sans lui donner le temps de se reconnaître ni d'encadrer ses renforts. Mes soldats ne manqueront plus de rien ; les victoires en doubleront le nombre et le courage ; de conquête en conquête, j'arrive aux portes de Vienne, où je dicte la paix. »

Volney m'a dit souvent que Bonaparte leur parlait en homme inspiré, et que le jour qu'il avait signé le traité de Tilsit, qui l'avait rendu le maître de l'Europe, il devait être moins grand qu'en développant à ses deux amis son plan de la conquête de l'Italie.

Turreau, qui auparavant regardait ce projet comme un acte de forfanterie de la part d'un jeune homme, finit par croire à la possibilité d'exécution et promit de l'envoyer au Comité de salut public. Bonaparte exigea que le projet fût adressé à

Carnot sous le couvert du Comité, et annonça qu'il y joindrait un mémoire explicatif très détaillé.

Volney, qui avait fixé dans ses souvenirs les dix-sept articles, les mit par écrit dès qu'il fut rentré chez lui. Ce plan a été l'origine de la grande fortune militaire de Bonaparte, car, deux ans après, Carnot le fit nommer par le Directoire pour aller commander l'armée d'Italie.

Volney partit pour Paris quelques jours plus tard. Après y avoir fait imprimer son excellent ouvrage sur l'Égypte et la Syrie, il s'embarqua pour les États-Unis d'Amérique, où il se lia bientôt avec les amis de Franklin et les vieux compagnons d'armes de Washington.

Peu de temps après l'arrivée de Volney aux États-Unis, on y apprit que le Directoire avait nommé un jeune homme de vingt-quatre ans pour commander en Italie une armée de vingt-quatre mille hommes, contre une armée de cinquante mille aux ordres du général le plus expérimenté de l'Autriche. Les vieux militaires en riaient de pitié : ils croyaient fermement qu'il n'y avait plus chez nous ni hommes, ni raison ; ils plaisantaient Volney sur la République et lui prédisaient une chute prochaine. Celui-ci cherchait à calmer leurs craintes ; il les assurait qu'à la vérité le nouveau commandant était un jeune homme, mais un jeune homme d'un très grand mérite, et lorsqu'on le pressait de leur dire quels pouvaient être les plans de ce jeune militaire, il feignait de les ignorer ; « mais, à sa place, leur disait-il, je pénétrerais en Italie par tel point, je battrais Beaulieu sur tel point, et le poursuivrais, l'épée dans les reins, jusque sous les murs de Vienne, sans lui donner le temps ni de se rallier, ni de se recruter, ni de se fortifier, ni de s'approvisionner, et là je dicterais mes conditions de paix ». Volney trouvait des raisons à tout, même aux nombreuses plaisanteries qu'on se permettait contre lui et son jeune commandant, et il se bornait constamment à leur dérouler, sans en convenir, le plan de campagne qu'il avait confié à sa mémoire. On s'attendait chaque jour à apprendre la déroute de notre armée et l'invasion de la France par l'armée autrichienne, lorsque les papiers publics annoncèrent la défaite de Beaulieu et l'occupation des forteresses du Piémont.

Volney fut alors très recherché ; chacun allait chez lui pour apprendre les événements futurs, et ses prédictions se réalisaient constamment.

Les Américains ne crurent plus alors que Volney ne fût qu'un voyageur venu parmi eux pour y étudier le pays et la nation : ils se persuadèrent que c'était un militaire distingué qu'on avait proscrit. Ils le croyaient tantôt Moreau, tantôt Masséna, tantôt Augereau ; mais comme tous ces généraux jouaient alors un grand rôle sur le théâtre de la guerre, les bulletins en faisaient souvent mention, et chaque courrier venait dissiper leur croyance.

Enfin, vers la fin de la campagne, Volney leur découvrit l'origine de ses talents militaires, et il leur avoua franchement qu'il avait tout appris dans un dîner que le jeune commandant, alors âgé de vingt et un à vingt-deux ans, lui avait donné à Nice. « Heureusement, ajouta-t-il, que pour la réputation militaire que je me suis faite ici, il n'a pas changé la moindre chose au plan qu'il s'était tracé. »

Nous avons laissé Bonaparte à Nice, impatient d'agrandir et d'illustrer sa carrière. Carnot l'avait déjà jugé d'après le plan d'invasion de l'Italie, qu'il lui avait envoyé ; il le fit nommer pour aller commander l'arme de l'artillerie au siège de Toulon. Bonaparte y trouva le brave général Dugommier, bien digne de l'entendre et de l'apprécier. Ils concertèrent entre eux le plan d'attaque ; la partie la plus périlleuse en fut confiée à Bonaparte, qui enleva par une manœuvre hardie et habile la principale redoute, ce qui les rendit maîtres de la place et du port. Je lui ai entendu raconter qu'en marchant à l'attaque, un grenadier eut à ses côtés le crâne emporté par un biscaïen, et que ce brave homme tomba à ses pieds en s'écriant : « Camarades, au moins je ne tourne pas le dos à l'ennemi. » Au reste, on était brave de part et d'autre, ajoutait-il, « car nous fûmes forcés de hacher sur leurs pièces les canonniers qui servaient les batteries anglaises ; ils étaient tous Français ».

Quelque temps après le siège de Toulon, Bonaparte vint à Paris, où il trouva le moyen de se faire attacher dans le bureau des plans au Comité de salut public. Ses talents lui acquirent l'estime de tous ceux qui pouvaient les apprécier. Son caractère, la profondeur et la hardiesse de ses vues lui aliénèrent tous les gens médiocres ; ce fut à tel point qu'après le 9 thermidor, le colonel Aubry, dirigeant la partie militaire au Comité de salut public, le raya du tableau, *comme incapable*. Il ne fut rétabli que sur les instances de Clarke, de Carnot et de Le Doulcet de Pontécoulant.

Pendant les derniers temps du Comité de salut public et le commencement du Directoire, on ne voit figurer Bonaparte qu'à la journée du 13 vendémiaire, où, avec douze cents hommes, il repoussa l'agression des sections de Paris contre le gouvernement. Barras lui avait fait confier ce commandement, dont il s'acquitta avec une rare habileté. Ce succès le fit connaître du public et prépara les esprits à apprendre, avec moins d'étonnement, sa nomination au commandement en chef de l'armée d'Italie.

Lorsqu'il arriva à l'armée d'Italie, aucun des

généraux ne le connaissait, et Masséna m'a raconté qu'à la première visite qu'ils lui firent, ils en prirent d'abord une mince idée. Sa petite taille, sa figure chétive ne les prévinrent pas en sa faveur. Le portrait de sa femme qu'il tenait à la main et qu'il fit voir à tous, son extrême jeunesse par-dessus tout, leur persuadèrent que cette nomination était encore l'œuvre de l'intrigue ; « mais un moment après, il se coiffa de son chapeau de général et parut se grandir de deux pieds, ajoutait Masséna. Il nous questionna sur la position de nos divisions, leur matériel, l'esprit et l'effectif de chaque corps, nous traça la direction que nous devions suivre, annonça que, le lendemain, il inspecterait tous les corps et que, le surlendemain, ils marcheraient sur l'ennemi pour lui livrer bataille ». Il leur parla avec tant de dignité, tant de précision, tant de talent, qu'ils se retirèrent convaincus qu'ils avaient enfin un vrai capitaine.

Jusqu'ici, nous n'avons extrait de la jeunesse de Bonaparte que quelques faits qui annoncent un grand caractère, de l'ambition et des facultés peu communes. Tout en lui fait présager le plus brillant avenir. Il ne lui manquait que des circonstances propres à développer son génie. Ces circonstances lui sont offertes à l'âge de vingt-quatre ans.

Dès ce moment, Bonaparte va occuper la première place sur la grande scène du monde et attirer tous les regards. Il va devenir l'arbitre des nations, et tous ses actes seront du domaine de l'histoire.

Assez d'autres décriront ses campagnes et jugeront sa politique et son gouvernement. Pour moi, qui l'ai surtout observé dans son intérieur, je vais rentrer dans sa vie privée et, en le dépouillant de tout l'éclat de sa grandeur et du prestige de ses victoires, me borner à faire connaître ses goûts, son caractère, ses principes, ses affections, ses jugements sur les hommes et sur les choses.

PARTIE II
LES IDÉES ET LES JUGEMENTS DE BONAPARTE

COMMENT BONAPARTE EST-IL PARVENU AU GOUVERNEMENT DE LA FRANCE ?

Pour bien connaître les causes qui ont amené la domination de Bonaparte sur la France, il suffit de jeter un coup d'œil sur la position dans laquelle se trouvait la France au moment où Bonaparte fut appelé à prendre les rênes du gouvernement.

Le pouvoir exécutif était confié à un conseil composé de cinq hommes : la puissance législative était exercée par deux Chambres dont les membres avaient appartenu aux assemblées orageuses qui avaient précédé.

L'ennemi était maître sur le Rhin et en Italie. La Vendée faisait des progrès. L'inquiétude, l'agitation, le mécontentement étaient partout à leur comble. Les cinq membres du Directoire, divisés d'opinion ou d'intérêt, n'avaient ni assez de force ni assez d'ensemble pour comprimer les partis, étouffer les passions et suivre une marche ferme et uniforme. Si les sociétés populaires n'existaient plus, les éléments en étaient encore partout. Les chefs du parti populaire dominaient dans les administrations ; leurs principes, incompatibles avec la marche d'un gouvernement régulier et conforme aux lois, présentaient des obstacles et mettaient des entraves à l'exécution de toutes les mesures ordonnées par l'autorité. Ce gouvernement n'était point tyrannique et atroce comme celui du Comité de salut public qui l'avait précédé, mais il portait avec lui les germes d'une dissolution générale. En effet, le pouvoir exécutif, confié à un conseil de cinq personnes, ne peut point avoir cette unité, ni cette force, ni ce secret, ni cette activité qui sont inséparables de l'action. Sans doute, la formation de la loi exige le concours et la délibération de plusieurs, mais son exécution ne doit être confiée qu'à un seul. La préparation de la loi doit être lente et éclairée, mais l'action ou l'application doit être rapide et absolue, ce qui ne s'obtient ni par des discussions, ni par des volontés souvent opposées entre elles.

Dans cette situation critique où se trouvait la France, un cri général appelait des changements. L'Italie reconquise par les armées étrangères, la Belgique menacée par celles du Rhin, les hordes de la Vendée se grossissant tous les jours, la fureur des partis s'animant par nos désastres, un changement de gouvernement était le vœu public et le besoin de tous.

Dans cet état de choses, on annonce le débarquement du général Bonaparte à Fréjus. La nouvelle s'en répand avec la rapidité de l'éclair. L'espérance renaît dans tous les cœurs. Les partis se rallient tous à lui. Le souvenir de sa brillante campagne d'Italie, les faits mémorables de ses armées en Égypte, la connaissance qu'on a de ses principes libéraux, ne permettent pas de faire un autre choix. On le porte en triomphe de Fréjus à Paris, et, quelques jours après, il est proclamé *premier Consul*.

Deux hommes, consommés dans l'administration et investis de la confiance publique, lui sont associés dans le consulat. Les actes du gouvernement sont rendus au nom du premier Consul ; mais le second et le troisième Consul ont le droit de protester et d'insérer leurs protestations sur les registres des délibérations.

Le premier Consul composa son conseil d'État des hommes les plus marquants dans l'administration et les sciences. Ce conseil proposait les projets de loi, jugeait en appel le contentieux de l'administration, et discutait les actes du gouvernement.

Un *Tribunat*, formé presque en entier des hommes qui avaient montré le plus de talent dans les diverses phases de la Révolution, discutait les projets de loi et envoyait au Corps législatif des députés pour les défendre ou les attaquer concurremment avec des commissaires du conseil d'État.

Le *Corps législatif* était composé de propriétaires librement élus par le peuple ou par ses délégués dans les collèges électoraux. Ce corps votait la loi. Les traités de paix, la déclaration de guerre devaient être discutés et votés comme des projets de loi.

Le *Sénat*, essentiellement préposé à la garde de la constitution, réunissait dans son sein tout ce que l'administration ou l'état militaire avaient montré d'hommes distingués. Quatre-vingts de ses membres devaient être pris sur des listes de candidats formées par les collèges électoraux. Le Sénat choisissait les membres du Corps législatif sur une liste triple présentée par les électeurs. Il avait dans son sein des commissions chargées de veiller à la sûreté individuelle et à la liberté de la presse. Il nommait, sur une liste triple formée par le gouvernement, les membres de la trésorerie et ceux de la Cour de cassation, institution sublime qui se peut regarder comme un véritable sénat conservateur des lois ou de la justice.

Il est difficile assurément de concevoir une constitution qui présente plus de garanties pour les droits du peuple. Il est difficile de moins laisser à l'arbitraire du chef du gouvernement. La limite du pouvoir est tracée sans confusion.

Cependant l'esprit inquiet du premier Consul s'irrite bientôt des obstacles qu'il trouve à l'exécution de ses projets. L'opposition raisonnée et salutaire du Tribunat à quelques lois lui déplaît. Les plaintes portées à la commission du Sénat pour la liberté individuelle et les réclamations de la commission l'importunent. Il supprime le Tribunat, et me dit le soir même : « Dès ce moment, il n'y a plus de constitution. » Il organise une force militaire qui exécute ses décrets sans observation ; et ses ministres, que les formes constitutionnelles entravaient dans leur marche, exécutent ses décrets sans opposition.

Les consuls n'étaient nommés que pour dix ans ; il les fait nommer à vie. Quelque temps après, peu content du titre de premier Consul, il aspire à se placer parmi les souverains et à établir sa dynastie.

On s'étonnera peut-être de la facilité qu'on lui a laissée pour opérer tous ces changements, contraires à la liberté publique. Mais l'étonnement cessera lorsqu'on réfléchira qu'il y avait alors un engouement général pour sa personne, lorsqu'on verra que ses armées étaient constamment victorieuses et que l'opinion publique le proclamait comme le seul homme capable de nous faire respecter au dehors et de comprimer les factions mal éteintes au dedans. On regardait encore ses guerres, moins comme la soif insatiable d'une ambition déréglée que comme des mesures que lui dictaient la gloire et le salut de l'État. On voyait les qualités de l'homme, on apercevait imparfaitement ses défauts. Aussi plus de quatre millions de Français l'ont proclamé Empereur. On ne se doutait pas alors qu'on traçait le chemin à la tyrannie.

Le Sénat, qui perdait tous les jours de ses droits, le Sénat, devenu si docile, s'aperçut trop tard que Napoléon tendait à gouverner par sa volonté. Les hommes sages de ce corps sentaient à la fois, et le danger de lui résister, et le mal qui résultait des mesures qu'il provoquait. Ils étaient convenus de laisser dormir la constitution, devenue un frein impuissant qu'il aurait brisé, et d'attendre des moments plus heureux pour la remettre dans toute son activité. Cette conduite de la part du Sénat était d'autant plus naturelle que Bonaparte eût pu le dissoudre sans résistance, en présentant cette mesure comme par motif d'économie. Bonaparte ne rencontrait pas plus d'obstacles près du Corps législatif, qui adoptait ses lois presque sans discussion. La force armée était toute dans ses mains et toujours disposée à exécuter ses ordres, de sorte qu'il était parvenu au point de ne trouver de l'opposition nulle part. Souvent même, il lui est arrivé, dans son conseil d'État, de fermer la discussion qu'il avait lui-même provoquée, et d'insulter avec aigreur ceux qui avaient l'air d'élever quelque doute sur la bonté d'une de ses propositions. Le résultat n'en paraissait pas moins comme délibéré en conseil d'État. Enfin, à l'époque où il est arrivé à l'Empire, il n'y avait déjà plus de liberté publique, parce qu'il n'y avait plus ni contrepoids ni balance dans les pouvoirs.

On a beaucoup plaisanté sur un Corps législatif muet ; mais j'ai toujours regardé comme une grande idée celle d'avoir érigé le Corps législatif en un tribunal devant lequel les conseillers d'État et les tribuns discutaient contradictoirement la loi. On fermait la discussion du moment que l'opinion était faite, et on allait aux voix.

Ce mode excluait le jeu des passions et l'influence des partis. Tout était raison et conscience. La tribune n'était point une arène ouverte aux factions, à l'orgueil, à l'amour-propre. Le Corps législatif ne pouvait ni diviser la France en partis, ni fomenter des factions.

Indépendamment du caractère absolu de Napoléon, qui ne souffrait ni discussion ni opposition lorsque son opinion était formée, et qui, par cela seul, ne pouvait se reposer que dans le despotisme, il y avait en lui un principe politique qui a dicté plusieurs de ses démarches. Il disait souvent que, lorsqu'il était arrivé au timon du gouvernement, la Révolution française n'était pas terminée ; qu'il était parvenu à la comprimer, mais que, s'il n'employait pas des moyens violents et forts, elle reprendrait bien vite la marche naturelle qu'elle s'était faite. C'est ce qui le rendait si attentif à étouffer dès leur naissance tous les partis qui paraissaient vouloir se réveiller. Mais, dès lors, il se sentait obligé de s'écarter de la route constitutionnelle.

Il disait encore souvent, et peut-être avec raison, que la France n'avait point pris l'habitude de son autorité ; qu'on le regardait comme un nouveau venu ; qu'on prétendait qu'il devait tenir compte de la complaisance que le peuple avait eue de le mettre sur le trône, et que, par conséquent, il ne lui convenait pas de relâcher les rênes. Il ajoutait qu'il n'y avait que les anciennes dynasties qui pussent être populaires impunément.

Il m'a dit plusieurs fois :

« La France connaît mal ma position, et c'est pour cela qu'elle juge tout de travers la plupart des actes qui émanent de moi. Cinq ou six familles se partagent les trônes de l'Europe, et elles voient avec douleur qu'un Corse est venu s'asseoir sur l'un d'eux. Je ne puis m'y maintenir que par la force ; je ne puis les accoutumer à me regarder comme leur égal qu'en les tenant sous le joug ; mon empire est détruit, si je cesse d'être redoutable. Je ne puis donc laisser rien entreprendre sans le réprimer. Je ne puis pas permettre qu'on me menace sans frapper. Ce qui serait indifférent pour un roi de vieille race est très sérieux pour moi. Je me maintiendrai dans cette attitude tant que je vivrai, et si mon fils n'est pas grand capitaine, s'il ne me reproduit pas, il descendra du trône où je l'aurai élevé, car il faut plus d'un homme pour consolider une monarchie. Louis XIV, après tant de victoires, eût perdu son sceptre à la fin de ses jours, s'il n'en eût pas hérité d'une longue suite de rois. Entre les anciens souverains, une guerre n'a jamais pour but que de démembrer une province ou d'enlever une place ; il s'agit toujours, avec moi, de mon existence et de celle de tout l'empire.

« Au dedans, ma position ne ressemble en rien à celle des anciens souverains. Ils peuvent vivre avec indolence dans leurs châteaux ; ils peuvent se livrer sans pudeur à tous les écarts d'une vie déréglée ; personne ne conteste leurs droits de légitimité ; personne ne pense à les remplacer ; personne ne les accuse d'être ingrats, parce que personne n'a concouru à les élever sur le trône. Quant à moi, c'est tout différent : il n'y a pas de général qui ne se croie les mêmes droits au trône que moi. Il n'y a pas d'homme influent qui ne croie m'avoir tracé ma marche au 18 brumaire. Je suis donc obligé d'être très sévère vis-à-vis de ces hommes-là. Si je me familiarisais avec eux, ils partageraient bientôt ma puissance et le trésor public. Ils ne m'aiment point, mais ils me craignent, et cela me suffit. Je les prends à l'armée ; je leur donne des commandements, mais je les surveille. Ils ont voulu se soustraire à mon joug ; ils ont voulu fédéraliser la France. Un mot de ma part a suffi pour déjouer le complot. Tant que je vivrai, ils ne seront pas dangereux. Si j'éprouvais un grand échec, ils seraient les premiers à m'abandonner.

« Au dedans et au dehors, je ne règne que par la crainte que j'inspire. Si j'abandonnais ce système, je ne tarderais pas à être détrôné. Voilà ma position et les motifs de ma conduite. »

Ainsi croyait-il que, dans sa position, il valait mieux être craint qu'aimé.

Il faisait peu de cas de Henri IV et s'indignait de ce que ce prince désirait qu'on l'appelât le *bon Henry*. Il ajoutait : « Les rois fainéants étaient aussi de bons rois. » Philippe le Bel et Louis XI étaient les seuls rois de la troisième race qu'il estimât.

Une autre cause qui n'a pas moins contribué à consolider le despotisme de Bonaparte, c'est la gloire militaire que nos armées se sont acquise sous son commandement. Quoique la France payât ses conquêtes de son sang et de ses trésors, elle était loin d'être insensible à ces succès. L'orgueil national était flatté, la nouvelle de chaque victoire était reçue avec enthousiasme. On oubliait ce qu'elle coûtait pour ne voir qu'un résultat favorable à l'honneur français. Et Napoléon, au retour des camps, se trouvait constamment réconcilié avec l'opinion publique.

Cette malheureuse facilité à s'enorgueillir d'un succès, ce moyen sûr de reconquérir les cœurs et de faire diversion aux maux qui pesaient sur l'intérieur, ont plus d'une fois renouvelé la guerre, mais aussi ils ont, à la fin, précipité Napoléon du haut du trône, où il eût pu s'affermir par une bonne administration. En mettant la gloire militaire à la place du bonheur public, Bonaparte a pu avoir des moments d'un règne brillant, mais il ne pouvait pas, par ces seuls moyens, le rendre durable. Il a bien pu parvenir à faire diversion sur le vrai but d'un gouvernement, mais non l'établir solidement.

Il eût été, peut-être, possible de contenir Bonaparte dans de justes bornes, si ses premiers écarts avaient été redressés par les grands corps de l'État, dès le début de la carrière. Alors, sans doute, la nation aurait approuvé ses premiers magistrats. D'ailleurs, cet homme craignait le peuple ; le moindre mécontentement témoigné hautement, la plus légère insurrection l'affectaient plus que la perte d'une bataille ; mais du moment que cet homme s'est vu à la tête d'une armée enorgueillie par ses succès, il a eu dans sa main l'instrument de notre servitude. Toute résistance devenait impossible. La nation elle-même, par amour-propre, s'associait à ses succès, et les droits civils étaient comptés pour rien.

Il faut convenir encore que notre système militaire et administratif facilite singulièrement l'établissement du despotisme. La France, divisée en départements, arrondissements et municipalités, présente partout le chef de l'administration à côté de l'administré. La force militaire est toujours à côté du délinquant ou du prévenu, de sorte que la moindre plainte, le premier cri sont étouffés. Cette organisation, excellente sous un gouvernement paternel, devient un moyen de servitude entre les mains d'un chef ambitieux.

Dans les moments les plus orageux de la Révolution, au sein de cette épouvantable anarchie que la Convention avait organisée, les hommes qui lisent dans l'avenir prévoyaient que la France ne sortirait de cette dissolution générale de tout ordre public que pour tomber dans le despotisme, et cette marche naturelle des révolutions a été singulièrement facilitée par le caractère de Napoléon.

Mais ce qui paraîtra très extraordinaire aux yeux de la postérité, c'est que Bonaparte, qui avait montré, dès sa jeunesse, une passion ardente pour la liberté, Bonaparte, qui avait approuvé les scènes les plus sanglantes de la Révolution et qui, souvent, y avait pris un rôle, ait pu asservir la nation et lui ôter toute son indépendance. On peut dire de lui ce qu'on a dit successivement de tous les hommes qui ont pris part au pouvoir, pendant les périodes orageuses de la Révolution, c'est que la liberté n'était que pour eux et qu'ils pensaient que, pour faire prédominer leurs idées, il fallait comprimer ou étouffer celles des autres. Le changement de position opère seul cette métamorphose d'opinion. Quand on se trouve placé dans les rangs inférieurs, on s'efforce de tout attirer à soi, on se cabre contre l'autorité qui veut que tout fléchisse ; mais lorsque l'on est élevé au rang suprême, on s'indigne de toute résistance, on prend la moindre opposition pour des attentats à l'autorité, et on use naturellement de la force pour la réprimer. Dans l'un et l'autre cas, on s'applique à faire prédominer sa volonté, et l'on tâche de renverser tous les obstacles qui s'y opposent.

QUELS SONT LES PRINCIPES DE GOUVERNEMENT QU'A SUIVIS BONAPARTE PENDANT LE CONSULAT.

Nous aurons l'occasion de prouver ailleurs que, lorsque Bonaparte a pris les rênes du gouvernement, il était dans une profonde ignorance non seulement des principes de l'administration, de la jurisprudence et de la géographie, etc., mais qu'il ignorait parfaitement les formes du gouvernement qui avait existé avant la Révolution. Bonaparte avait beaucoup rêvé, mais jamais étudié. Et les connaissances mathématiques dont on lui a fait tant d'honneur étaient bien peu étendues chez lui. Sa seule gloire militaire l'avait porté au rang suprême. Cette seule gloire l'entourait de tous les prestiges de l'enthousiasme et de l'illusion. Et elle l'a soutenu jusqu'à la fin.

Bonaparte avait un mérite qui est d'autant plus rare qu'on est parvenu à un rang plus élevé. Il ne rougissait pas du peu de connaissances qu'il avait dans les détails de l'administration générale. Il questionnait beaucoup, demandait la définition et le sens des mots les plus usités ; il provoquait la discussion et la faisait continuer jusqu'à ce que son opinion fût formée. Comme il lui est arrivé souvent d'entendre mal les mots qu'on prononçait devant lui pour la première fois, il les a reproduits constamment par la suite tels qu'il les avait entendus. Ainsi, il disait habituellement :

- *Îles Philippiques pour Philippines ;*
- *Section pour session ;*
- *Point fulminant pour point culminant ;*
- *Rentes voyagères pour rentes viagères ;*
- *Armistice pour amnistie, etc.*

Dans les quatre années de son consulat, il réunissait chaque jour plusieurs conseils. Là, tous les objets d'administration, de finances, de jurisprudence, étaient successivement agités. Et comme il était doué d'une grande pénétration, il lui échappait souvent des aperçus profonds, des réflexions judicieuses qui étonnaient les hommes les plus versés dans ces affaires.

Les conseils se prolongeaient souvent jusqu'à cinq heures du matin, parce qu'il ne lui est jamais arrivé d'abandonner une question sans que son opinion fût faite ; et, à ce sujet, il était assez difficile, parce qu'il se contentait rarement de celle qui était produite par les hommes les plus éclairés. À cette époque, les ministres et le conseil d'État avaient sur lui quelque pouvoir. Son jugement n'étant pas encore formé sur la plupart des sujets, il souffrait la discussion, et c'était possible alors de l'éclairer, souvent même de faire prévaloir l'avis qu'on émettait en sa présence. Aussi cette époque a-t-elle été marquée par des travaux en jurisprudence, en administration et en finances qui ont été admirés de toute l'Europe et qui feront longtemps l'orgueil de la France.

Mais, du moment que Bonaparte a eu des idées, vraies ou fausses, arrêtées sur tous les objets d'administration, alors il n'a plus consulté personne ; ou, s'il consultait, ce n'était plus pour embrasser les avis qu'on lui donnait. Il suivait constamment ses idées ; son opinion était sa seule règle de conduite ; il se moquait avec aigreur de tous ceux qui émettaient un avis différent du sien ; il cherchait à les tourner en ridicule et disait souvent, en se frappant la tête, que « ce bon instrument lui était plus utile que les conseils des hommes qui passaient pour avoir de l'instruction et de l'expérience ».

Il faut avoir observé cette période de quatre ans pour bien juger des changements qui se sont opérés chez le premier Consul. Jusque-là, il cherchait à s'entourer des esprits les plus forts dans chaque parti. Bientôt le choix de ses agents commença à lui paraître indifférent. Aussi appelait-il indistinctement dans son conseil et aux premières places de l'administration ceux que la faveur ou l'intrigue lui présentaient, se croyant assez fort pour gouverner et administrer par lui-même. Il écartait même avec soin tous ceux dont le talent ou le caractère l'importunaient. Il lui fallait des valets, et non des conseillers, de sorte qu'il était parvenu à s'isoler complètement. Les ministres n'étaient plus que des chefs de bureau. Le conseil d'État ne faisait plus que donner la forme à des décrets émanés de lui. Il administrait jusque dans les plus petits détails. Tout ce qui l'entourait était timide et passif. On étudiait la volonté de l'oracle et on l'exécutait sans réflexion.

Une fois parvenu à concentrer en lui toute l'administration et à ne prendre conseil que de lui-même, Bonaparte conçut le projet de se former une génération de séides. Il disait souvent que les hommes de quarante ans étaient imbus des principes de l'ancien régime, et par suite ne pouvaient être dévoués ni à sa personne ni à ses principes. Il conçut de l'aversion pour eux, et dès lors forma auprès de lui une pépinière de cinq à six cents jeunes gens qu'il appelait successivement à toutes les fonctions. On voyait un jeune homme de vingt-deux ans placé à la tête d'un département ; d'autres nommés à des intendances dans les pays conquis ; un autre, à peine âgé de trente ans, et sans aucune étude préalable, remplissait les fonctions importantes de grand juge ministre de la Justice. Tous ces jeunes gens n'avaient ni les lumières, ni la considération, ni les convenances nécessaires ; mais il les croyait dévoués à sa personne et à son gouvernement, et cela lui suffisait. Il avait porté les mêmes principes dans l'organisation de l'armée. La gloire de nos anciens généraux l'importunait, leurs conseils lui déplaisaient ; et, dans les dernières années, il cherchait bien moins à employer le talent qu'à payer le dévouement à sa personne.

Ce système de conduite dérivait partout du même principe : c'est que, s'étant isolé du reste des hommes, ayant concentré dans ses mains tous les pouvoirs et toute l'action, bien convaincu que les lumières et l'expérience d'autrui ne pouvaient lui être d'aucun secours, il pensait qu'il n'avait besoin que de bras, et que les plus sûrs étaient ceux d'une jeunesse dévouée.

Cette conduite de la part de Bonaparte n'a pas peu contribué à lui aliéner l'esprit des Français. Un département qui se voit placé sous l'administration d'un écolier se croit humilié par ce choix ; sa confiance dans le chef du gouvernement s'affaiblit ; son respect pour la magistrature n'existe plus, et le mépris pour l'administrateur relâche bientôt les liens qui doivent l'attacher au monarque. La résistance à un pouvoir mal placé s'établit peu à peu. La lutte s'engage, et l'administré, qui ne peut se rattacher au chef par un mandataire qu'il n'estime point, ne tarde pas à avoir pour le chef les sentiments que lui inspire l'agent qui le représente.

Comme Napoléon avait réuni dans sa main tous les pouvoirs, il voulait avoir dans les provinces des instruments serviles et passifs de ses volontés. Il se croyait assez fort pour tout gouverner de cette manière. Les hommes instruits lui paraissaient déplacés par cela seul qu'ils pouvaient raisonner sa conduite ; les hommes aimés et estimés étaient bientôt déplacés, par cela seul qu'ils partageaient avec lui l'amour des administrés. Il poursuivait son système d'administration jusque dans les dernières ramifications. Il préférait un administrateur craint à un administrateur aimé, et on l'a vu soutenir avec obstination des préfets abhorrés, par cela seul que, selon lui, ils n'avaient pas d'autre refuge qu'en lui et qu'il était assuré de leur fidélité à sa personne. On l'a vu conserver des ministres et lutter constamment contre l'opinion publique par cela seul qu'ils étaient détestés de tous les agents de leur administration.

Lorsque Bonaparte a été porté à la tête du gouvernement, les partis qui s'étaient formés dans les dix premières années de la Révolution étaient dans toute leur force. Tous les hommes s'étaient classés dans l'une ou l'autre des factions, et comme elles avaient prédominé tour à tour, il en était résulté de l'aigreur, des animosités, des désirs de vengeance qui séparaient les Français en autant de partis, de manière que la passion était partout et l'amour du pays nulle part.

Dans cette position difficile, Bonaparte conçut le projet de tout réunir, de tout amalgamer.

Il mit dans le même corps, et à côté l'un de l'autre, des hommes qui étaient en opposition de caractère et d'opinion depuis dix ans, des hommes qui se détestaient et étaient en guerre ouverte, des hommes qui s'étaient proscrits réciproquement dans les diverses phases de la Révolution. Bonaparte avait mis Merlin et Muraire à la tête de la Cour de cassation. Le premier avait fait proscrire et déporter le second au 18 fructidor. Eh bien, ces hommes, très étonnés de se trouver côte à côte dans la même assemblée, finissaient par se réconcilier, et plusieurs même par se lier de l'amitié la plus étroite. Ils parlaient des événements passés comme des accès d'un vrai délire révolutionnaire. Ils ne voyaient plus que des devoirs à remplir et des souvenirs à effacer par un retour sincère et une conduite irréprochable. C'est ainsi que Bonaparte avait réuni les talents dans tous les genres et fondu tous les partis. L'histoire de la Révolution était alors pour nous à la même distance que celle des Grecs et des Romains.

Bonaparte avait rouvert la porte de la France aux émigrés, à l'exception d'un petit nombre, dont il croyait encore la présence dangereuse pour le repos de la France ou l'affermissement de son gouvernement. Il en avait placé plusieurs dans sa maison, au Sénat et dans l'administration. Il donnait du service aux armées à plusieurs autres. Il rendait les domaines non aliénés à ceux d'entre eux dont il croyait connaître le dévouement. Par ce moyen, aucune des anciennes castes n'était proscrite. Tous pouvaient aspirer à des places, et tous, quoi qu'on en dise, les briguaient et les acceptaient avec reconnaissance. Ceux qui s'enorgueillissent aujourd'hui de n'avoir pris aucun emploi, prouveraient difficilement qu'ils en ont refusé. Je crois même qu'il y aurait eu du danger dans le refus, et c'est la manière la plus noble dont ceux qui ont accepté les faveurs de Napoléon peuvent justifier leur conduite ; car on se rappelle que Bonaparte ne consultait pas les personnes sur lesquelles s'arrêtaient ses choix, et qu'il souffrait encore moins qu'on lui refusât. Sans doute quelques individus se sont tenus à l'écart et n'ont ni encensé ni insulté l'idole du jour, mais son oubli fait leur principal mérite.

Bonaparte avait porté si loin son système de fusion qu'il a désigné plusieurs fois des fils de grande famille pour des places de sous-lieutenant à l'armée ou pour des places dans ses lycées ou ses écoles militaires. On recevait une commission du ministre de la guerre sans l'avoir provoquée, et on obéissait sans réclamer, parce qu'on savait que les réclamations étaient inutiles.

Bonaparte avait appliqué ce système de fusion à tous les pays qu'il faisait passer sous sa domination. On a vu des Hollandais, des Belges, des Piémontais, des Génois, des Toscans, des Romains, des Parmesans, dans son conseil d'État, au Sénat et dans les tribunaux. Il exigeait que les enfants des pays réunis fussent élevés en France. Il forçait même ceux dont les opinions étaient le plus prononcées contre la réunion de leur pays ou contre le nouvel ordre de choses, à vendre leurs propriétés pour en placer le produit sur des biens-fonds dans l'intérieur de la France.

Bonaparte regardait du même œil les hommes qui appartenaient aux anciennes castes privilégiées et ceux que la Révolution avait mis en évidence. Il ne faisait distinction de personne, et, sous ce rapport, il régnait auprès de lui une égalité parfaite. Cependant, les promoteurs de la Révolution lui ont fait constamment un crime de s'entourer de ces hommes-là ; ils ne pouvaient pas se persuader qu'il y eût de la bonne foi de leur part, ni de l'attachement pour sa personne ; ils les regardaient comme des espions qui épiaient un moment de défaveur de la part de la fortune pour ressaisir leurs premiers avantages. Mais Bonaparte ne partageait pas ces craintes ; il se croyait assez fort pour tout enchaîner et tout asservir. Il ne lui est pas venu un instant dans l'idée qu'il pût être culbuté tant qu'il vivrait. Et c'est peut-être cette persuasion qui l'a constamment porté aux extrêmes et lui a fait mettre sa couronne en problème à chaque événement. Il avait été si bien secondé par la fortune dans toutes ses entreprises, qu'il était parvenu à croire que ce qu'il appelait son *étoile* ne pâlirait jamais.

L'opération la plus hardie qu'ait faite Bonaparte, pendant les premières années de son règne, a été le rétablissement du culte sur ses anciennes bases.

Pour bien juger de l'importance et de la difficulté de cette entreprise, il faut se reporter à cette époque où la haine la plus acharnée et le mépris le plus profond pesaient sur le clergé. L'idée de rétablir la juridiction du Pape sur une classe de Français était tellement en opposition avec l'esprit public et l'opinion du temps, que lui seul pouvait concevoir et exécuter ce grand œuvre.

Pour bien juger cet événement, il faut remonter aux sources et voir par quels motifs Bonaparte a pu être déterminé à cet acte vraiment extraordinaire.

On a coutume de regarder Bonaparte comme

un impie, un athée, etc. Je ne puis pas partager cet avis, et ceux qui l'ont connu dans les années de son Consulat seront de mon opinion. Alors Bonaparte n'était pas dévot, mais il croyait à l'existence de Dieu et à l'immortalité de l'âme. Il parlait toujours de la religion avec respect et plaisantait souvent ceux qu'il croyait athées. Il pensait surtout qu'un peuple ne pouvait pas exister sans religion. Avant de proclamer le rétablissement du culte, et surtout au moment où il méditait ce projet, il parlait dans ce sens à toutes les personnes de son intérieur, sans qu'aucune se doutât qu'il allait le mettre à exécution. Il disait souvent que l'empereur de Russie et celui de Constantinople avaient sur lui un immense avantage, celui de commander aux consciences. Il ajoutait : « Je ne puis pas parvenir à ce degré de pouvoir, mais du moins je ne dois pas m'aliéner les consciences de mes sujets. Il faut donc que je rende au peuple la plénitude de ses droits en fait de religion. Les philosophes en riront, mais la nation me bénira. » Outre le principe de religion, il y avait donc encore un principe de politique qui déterminait sa résolution, et, quoique cet acte n'eût l'approbation d'aucune des personnes qui l'entouraient, il l'exécuta.

Lorsqu'il se décida à cette grande mesure, il avait sans doute mal calculé l'inflexible autorité de la cour de Rome. Aussi ne tarda-t-il pas à avoir des démêlés avec elle. Il avait cru pouvoir la maîtriser, en considération du service qu'il rendait à l'Église. Il ne trouva que résistance et opposition. La faveur qu'il avait obtenue près du peuple par le rétablissement du culte se tourna en haine contre lui, dès qu'il fut en controverse avec le Pape. Les évêques, surtout les curés, qu'il avait rendus à leur souverain spirituel, tournèrent contre lui les armes qu'il avait mises dans leurs mains, et ses querelles avec le Pape lui aliénèrent presque tous les cœurs. Ainsi, peu de temps après le rétablissement du culte, il obtint un effet parfaitement opposé à celui qu'il en avait attendu.

Ses querelles avec le Pape l'ont sérieusement occupé pendant plusieurs années. Il a employé successivement la raison et la force pour les terminer. Il a tourmenté de toutes les manières le vieillard qui était assis sur le trône de l'Église. Il l'a dépouillé, il l'a exilé. Il l'a fait circonvenir par des évêques et des cardinaux ; mais cet homme vénérable est resté inébranlable dans ses principes.

Toutefois, ces querelles ont présenté des phénomènes qu'il est bon de ne pas passer sous silence. Bonaparte, sans être dévot, était religieux, et si ses démêlés avec le Pape ne fussent pas survenus, je ne doute pas qu'à quarante-cinq ans il n'eût été dévot. Il croyait à la fatalité ; il faisait même publiquement profession d'y croire ; mais entre un fataliste et un dévot, il n'y a pas loin.

Ces querelles le mirent dans le cas de lire beaucoup d'ouvrages de controverse. Elles l'obligèrent à consulter un grand nombre d'évêques et de cardinaux. Et comme dans les livres il ne trouva que du fatras, et que dans les membres du clergé il vit une différence d'opinions telle qu'ils ne s'accordaient sur aucun point, il commença à voir qu'il n'y avait rien de fixe, rien d'arrêté sur la croyance. Il disait souvent que « chaque prêtre avait sa religion à part, que celle du Pape différait de celle des cardinaux, qui, à leur tour, ne s'accordaient pas entre eux ; que l'archevêque de Tours était en opposition de principes avec l'évêque de Nantes, celui de Nantes avec celui d'Évreux, etc. » ; d'où il conclut qu'il n'y avait rien de fixe dans les principes de la religion.

Dès lors, il commença à ne plus y croire. Il parlait avec plaisir de ces discordances d'opinions sur les bases fondamentales de la religion. Il ajoutait qu'il n'était plus étonné que les membres du clergé ayant fait des études exactes fussent tous mécréants, et que, s'il se trouvait parmi eux des hommes de génie qui avaient soumis leur croyance, c'est qu'ils n'avaient jamais approfondi les matières de la religion dans le dessein d'affermir leur foi, mais dans l'intention formelle d'*emmailloter* celle des autres. Il les comparait à des géomètres qui partent d'une formule pour en faire des applications sans vérifier si la formule est exacte.

Comme il avait eu plusieurs conférences avec le Pape et qu'il était entré constamment en discussion avec lui sur les objets contestés, il se prévalait de sa supériorité et ajoutait plaisamment qu'il se renfermait dans son *fort interne*, contre lequel il n'y avait plus de batteries à faire jouer.

Ceci me rappelle les orageuses discussions sur le Concordat. M. Cretet, qui négociait pour Napoléon, croyait pouvoir opposer la raison et le bon sens aux prétentions du cardinal Caselli, théologien du Pape ; mais celui-ci, pour toute réponse, levait les mains au ciel et invoquait le Saint-Esprit, *Spirito santo*.

L'Empereur avait adopté la religion de M. Duvoisin, évêque de Nantes et ancien professeur distingué de la Sorbonne. C'était là son oracle. Je me rappelle que, le 24 décembre 1813, dans une longue conversation qu'il eut avec moi sur la religion et dans laquelle il m'exposait ses principes, il me dit : « L'Impératrice se confessait à l'évêque de Nantes et s'accusait de faire gras le vendredi et le samedi. L'évêque lui demanda si l'Empereur en faisait de même. Oui, répondit-elle. — Eh bien ! vous faites bien de faire comme lui, ajouta l'évêque. Vous devez toujours supposer qu'il a la permission pour lui et sa famille. Toute autre conduite de votre part imprimerait une tache sur son front. » L'Impératrice voulut consulter le cardinal Fesch, qui lui répondit que, si l'Empereur voulait lui faire faire gras, elle devait lui jeter son assiette à la figure. « Voilà, disait-il, deux docteurs de la loi en opposition ; mais le premier est éclairé et juge d'après des principes, l'autre est un imbécile qui cherche à se faire un parti, en affectant un rigorisme qui n'est pas dans ses mœurs privées. »

L'évêque de Nantes avait donné l'absolution à l'Impératrice, qui demanda à communier en public à la chapelle. « Je ne le permets pas, dit l'évêque, parce que vous feriez observer au public que votre mari ne suit pas votre exemple, et vous lui feriez tort. Je vous dirai la messe dans mes appartements, et vous communierez de ma main. »

Dans le temps qu'il avait réuni les Juifs en sanhédrin à Paris, j'assistai un jour à son dîner où il causait gaiement de diverses choses. Tout à coup entre le cardinal Fesch, avec un air très préoccupé qui frappa l'Empereur : « Qu'avez-vous donc ? lui dit-il. — Ce que j'ai, c'est facile à comprendre. Comment ! lui dit-il, vous voulez donc la fin du monde ? — Eh ! pourquoi ? repartit l'Empereur. — Ignorez-vous, reprit le cardinal, que l'Écriture annonce la fin du monde du moment que les Juifs seront reconnus comme corps de nation ? » Tout autre eût ri de cette sortie du cardinal. Mais l'Empereur changea de ton, parut soucieux, se leva de table, passa dans son cabinet avec le cardinal, en sortit une heure après. Et, le surlendemain, le sanhédrin fut dissous. L'Empereur était encore alors dans toute sa croyance sur la fatalité, la religion, etc.

Lorsque Napoléon a vu la mauvaise tournure que prenaient ses discussions avec le Pape, lorsqu'il a été convaincu qu'il ne pouvait ni le forcer ni l'intimider, et que son Concordat avait produit par les résultats un effet opposé à ses premiers desseins, non seulement il regrettait d'avoir opéré ce changement, mais il disait hautement qu'il eût mieux fait de se déclarer protestant, en ajoutant qu'« à cette époque, vingt millions de Français eussent suivi son exemple, et que la France serait déjà dégagée de ses liens honteux avec Rome et de plusieurs préjugés qui avilissent la nation. Tant que la foi catholique, apostolique et romaine a été le principal et presque le seul mobile des consciences, il a fallu sans doute, disait-il, que les chefs du gouvernement caressassent l'idole où se rattachait toute la croyance ; mais du moment que les lumières ont jeté du ridicule sur cette théocratie, il eût fallu en profiter pour secouer ce joug humiliant. Un pouvoir étranger qui dispose des cœurs a plus d'empire que celui qui dispose des corps. Il forme à son gré l'amour ou la haine contre le souverain, et ce dernier est sous sa dépendance dans ce qu'il a de plus cher et de plus sacré ».

Lorsque le Pape fut appelé à Fontainebleau, Napoléon avait cru qu'en le privant de son entourage il en viendrait plus aisément à bout. Il plaça auprès de lui le cardinal de Bayane, l'archevêque de Tours, l'évêque de Nantes et celui de Trèves, qui tous blâmaient son obstination et pensaient qu'il pouvait allier les devoirs sacrés de la religion avec les demandes de l'Empereur ; mais le Pape se montra inflexible. Alors Napoléon se décida à aller négocier lui-même, espérant, par ce moyen, vaincre une obstination qui avait résisté à tous les prélats. Il voit le Pape, le menace d'abdiquer la religion catholique et lui trace le cercle de Popilius pour obtenir une prompte réponse. Le Pape intimidé fait des concessions et signe l'acte fameux qui a été publié dans le temps. L'Empereur revient à Paris, enchanté de sa victoire ; mais le Pape, qui avait eu le temps alors de réfléchir ou plutôt de consulter, lui adressa sa rétractation, et les choses se trouvèrent moins avancées qu'auparavant. Je me souviens des scènes de colère que donna l'Empereur à ce sujet. Il racontait à tout le monde sa conduite avec le Pape. Il accusait en termes vils et injurieux tous les cardinaux qui formaient son conseil. Il publiait les arguments qu'avait employés l'évêque de Nantes pour vaincre l'opiniâtreté du Saint-Père ; mais, au lieu de se porter aux excès dont il avait souvent menacé le Pape, il disait qu'il attendrait la mort de ce Pontife pour exécuter ses projets.

Jamais, dans le cours de seize années d'un gouvernement orageux, Napoléon n'a rencontré autant de résistance ni éprouvé plus de chagrin que lui en a causé sa querelle avec le Pape. Quelques jours lui suffisaient pour obtenir des premiers potentats de l'Europe tout ce qu'il désirait. Mais toute sa puissance est venue échouer contre l'évêque de Rome. Il n'est pas d'événement dans sa vie qui lui ait plus aliéné l'esprit du peuple que ses démêlés et sa conduite avec le Pape ; de sorte que ce principe de gouvernement sur lequel il avait cru pouvoir appuyer sa puissance s'est tourné contre lui par les résultats qui en ont été la suite.

Napoléon était sans cesse en garde contre l'ambition des généraux et le mécontentement du peuple ; et il était constamment occupé à étouffer l'une et à prévenir l'autre. On l'a vu, dans tous les temps, observer la plus grande réserve avec les généraux ; il les tenait toujours à une grande distance de lui ; il leur adressait à peine la parole et seulement sur des choses indifférentes. Ils ne connaissaient ses ordres qu'au moment où il fallait partir pour les exécuter. S'étaient-ils distingués, il se bornait à dire qu'ils avaient fait leur devoir : quelquefois seulement, il les mentionnait honorablement dans ses bulletins. Étaient-ils malheureux, toute la faute en était à eux, et jamais ni à l'infériorité des troupes qu'il avait mises sous leur commandement, ni aux mauvaises positions dans lesquelles cette infériorité les avait placés.

Aussi, à l'exception de deux ou trois qui l'avaient connu dans sa jeunesse et qui avaient conservé avec lui une certaine liberté, les autres l'approchaient en tremblant, et ils ne pourraient pas dire qu'ils aient jamais eu avec lui un moment de liberté. Il les accablait de fortune, en leur accordant des majorats dans les pays conquis, d'abord parce qu'il fallait former des maisons opulentes à la Cour, où il n'y en avait aucune, et ensuite pour les lier plus particulièrement à son sort et les intéresser au maintien de ses conquêtes.

Je n'ai jamais surpris l'Empereur faire l'éloge d'aucun général, et souvent je l'ai entendu les critiquer vertement tantôt sur leur peu de talent, tantôt sur leur mauvaise conduite. Il a répété bien des fois en parlant des maréchaux : « Ces gens-là se croient nécessaires, et ils ne savent pas que j'ai cent généraux de division qui peuvent les remplacer. » Accoutumé à rapporter tout à lui, à ne voir que lui, à n'estimer que lui, Napoléon paralysait tout ce qui l'entourait. Il ne voulait pas d'autre gloire que la sienne. Il ne croyait du talent qu'à lui seul.

Voilà pourquoi, à la guerre comme au conseil, il accaparait tout, il s'attribuait tout. Les hommes n'étaient plus, à ses yeux, que des machines qu'il se croyait destiné à faire mouvoir, et ces hommes étaient, par cela seul, timides, irrésolus, presque indifférents. De là vient qu'il avait des succès partout où il était, et des revers là où il n'était pas. Une autre cause devait encore grossir ses succès et diminuer ceux de ses généraux, c'est qu'il osait tout parce qu'il ne dépendait de personne, et qu'il pouvait sacrifier les hommes et le matériel sans crainte de blâme, tandis que ses généraux calculaient les pertes et craignaient toujours d'encourir sa disgrâce, ce qui les rendait craintifs et moins audacieux.

La conduite altière de Napoléon vis-à-vis de ses généraux s'explique d'après des principes ou des propos que je lui ai entendu énoncer bien des fois :

« Je suis arrivé jeune, disait-il, à la tête des armées. Ma première campagne a étonné l'Europe ; l'ineptie du Directoire ne pouvait plus me soutenir au degré où j'étais parvenu. J'entrepris une expédition gigantesque pour occuper les esprits et augmenter ma gloire. Mes anciens se sont perdus dans le repos ou déshonorés dans les revers. Lorsque j'ai vu la France aux abois, je suis revenu et j'ai trouvé le chemin du trône ouvert de toute part. J'y suis monté comme le dernier espoir de la nation.

« À peine assis, j'ai vu les prétentions se ranimer. Moreau, Bernadotte, Masséna ne me pardonnaient plus mes succès. J'ai dû, non les craindre, mais les soumettre, et mon plan de conduite vis-à-vis d'eux a été bientôt arrêté.

« Ils ont essayé plusieurs fois ou de me culbuter ou de partager avec moi. Comme le partage était moins aventureux, douze généraux ourdirent un plan pour diviser la France en douze provinces. On me laissait généreusement pour mon lot Paris et la banlieue. Le traité fut signé à Ruel. Masséna fut nommé pour me l'apporter. Il s'y refusa, en disant qu'il ne sortirait des Tuileries que pour être fusillé par ma garde. Celui-là me connaissait bien. Pichegru et Moreau viennent conspirer dans Paris. On connaît le résultat de leurs intrigues. Ma position n'était pas ordinaire, il ne fallait pas que ma conduite le fût.

« La crainte et l'espoir de fortune et de faveurs devaient exister seuls entre eux et moi. J'ai été prodigue de l'un et de l'autre. J'ai fait des courtisans, je n'ai jamais prétendu me faire des amis. »

Voilà, à peu près, ce qu'il me disait le 23 février 1808. On peut appuyer ces principes de plusieurs faits. Le général Gouvion Saint-Cyr se présenta un jour au lever des Tuileries. L'empereur lui adressa la parole d'un ton calme :

Napoléon. — Général, vous arrivez de Naples ?

Le général. — Oui, Sire, j'ai cédé le commandement au général Pérignon, que vous avez envoyé pour me remplacer.

Napoléon. — Vous avez sans doute reçu la permission du ministre de la guerre ?

Le général. — Non, Sire, mais je n'avais plus rien à faire à Naples.

Napoléon. — Si, dans deux heures, vous n'êtes pas sur le chemin de Naples, avant midi, vous êtes fusillé en plaine de Grenelle.

Je l'ai vu traiter de la même manière le général Loison, qui avait quitté Liège, où il commandait, pour venir passer deux jours à Paris, où des affaires pressantes l'appelaient.

Nous avons dit que deux ou trois généraux avaient conservé auprès de lui une liberté de pensée et de conduite que les autres n'avaient pas. Le maréchal Lannes est néanmoins le seul qui ait gardé sa franchise et son indépendance. Passionné pour Napoléon, il n'a jamais souscrit aux caprices de son maître, il ne lui a jamais ni masqué ni caché sa manière de voir. Sur le champ de bataille comme à la Cour, il ne lui taisait aucune vérité. Aussi étaient-ils presque toujours brouillés ou plutôt en bouderie ; car le raccommodement le plus entier s'opérait à la première vue, et le maréchal le terminait presque toujours en disant avec humeur qu'il était bien à plaindre d'avoir pour *cette catin* une passion aussi malheureuse. L'Empereur riait de ces boutades, parce qu'il savait qu'au besoin il trouverait toujours le maréchal.

Berthier, qui vivait beaucoup plus dans son intimité et qui ne l'avait pas quitté depuis sa campagne d'Italie jusqu'à son abdication en 1814, l'aimait sincèrement ; mais il avait pris auprès de lui le caractère d'un esclave favori plutôt que celui d'un homme indépendant. L'Empereur faisait plus de cas de la soumission que du talent. Voilà pourquoi le maréchal Berthier a vécu avec lui pendant vingt ans, sans que jamais cette union ait été altérée par aucun nuage.

Après Berthier, Duroc est celui qui avait au plus haut degré la confiance de l'Empereur. C'était un homme nul, mais dévoué et secret, et ce sont surtout ces deux qualités qui l'ont maintenu en faveur jusqu'à sa mort.

Je ne parlerai pas de quelques séides dont il s'était entouré. Ces gens-là lui étaient dévoués à la manière des fanatiques, c'est-à-dire qu'ils exécutaient ses ordres sans réflexion et qu'ils épiaient ses volontés pour se faire un mérite de les prévenir et de forcer les mesures qui leur étaient commandées. L'Empereur ne les aimait pas, il les estimait encore moins. Mais, naturellement défiant, il se voyait aveuglément obéi et parvenait, par la facilité qu'il trouvait dans l'exécution de ses ordres, à se faire illusion sur leur atrocité. Ces hommes étaient d'autant plus dangereux que le premier moment de l'Empereur était terrible ; les déterminations les plus violentes étaient le résultat d'un premier mouvement, et il se plongeait dans les plus noirs excès, lorsqu'il trouvait des satellites toujours prêts à obéir.

Un rapport de la police, un événement qui lui était raconté, le jetaient dans des colères qu'il était impossible de réprimer, et les observations les plus sages ne faisaient que l'exaspérer. Dans ces premiers moments, il dictait les mesures les plus violentes et en ordonnait l'exécution.

Lorsque ce moment était passé, il écoutait la raison, et, s'il en était temps, il revenait à des mesures plus douces. Voici deux faits qui peuvent confirmer sur ce point ce que je viens de dire.

Un jour, en s'asseyant à la table du conseil, il me demanda avec humeur si j'avais reçu des nouvelles de Montpellier. Je lui répondis que non ; il ajouta aussitôt : « On assassine mes soldats à Cette, et vous n'en savez rien ? » Il nous lut alors le rapport de M. le général Moncey, inspecteur général de la gendarmerie, qui lui annonçait que six jeunes gens de cette ville avaient désarmé et battu une sentinelle du port[1]. Il dicta alors à Maret un décret qui ordonnait au commandant du département de l'Hérault de faire arrêter les six jeunes gens et de les faire transférer par la gendarmerie à

Toulon pour y être jugés dans les vingt-quatre heures. Il donna à Maret le rapport contenant les noms des jeunes gens pour le joindre au décret. Maret l'envoya dans ses bureaux pour être expédié immédiatement par un courrier.

Nous étions tous consternés, mais aucun n'osait se permettre des observations. Un moment après, Bonaparte se leva pour se promener, selon son usage, dans le cabinet. Cambacérès osa l'aborder et lui parla à peu près en ces termes : « Ces jeunes gens sont coupables, sans doute, mais si vous tardiez jusqu'à demain pour envoyer le décret ? Les coupables ne fuiront pas ; je les connais tous ; ils appartiennent aux premières maisons de la ville. Le ministre de l'intérieur recevra des nouvelles qu'il vous apportera tout de suite, et vous serez plus instruit. » — « Maret, dit Bonaparte, envoyez dans vos bureaux pour qu'on n'expédie que d'après de nouveaux ordres. »

Je reçus mon courrier à huit heures du matin. Le préfet me disait que six jeunes gens passant devant une sentinelle, l'un d'eux s'arrêta pour verser de l'eau et les autres marchèrent ; la sentinelle courut enfoncer sa baïonnette dans les cuisses de ce dernier. Ce jeune homme tomba ; ses camarades désarmèrent la sentinelle et portèrent le fusil au corps de garde. Je communiquai ces détails au premier Consul, qui ne donna aucune suite à l'événement.

Je n'ai jamais vu Bonaparte agité d'une colère pareille à celle qu'il éprouva lorsqu'il apprit que son frère Lucien s'était marié à Senlis avec la veuve de Jouberthon, agent de change à Paris. Il m'ordonna d'envoyer chercher le notaire et de lui signifier d'apporter son registre, ce qui fut exécuté. Le notaire arriva, je le conduisis à Saint-Cloud, à neuf heures du matin. Voici, mot pour mot, le dialogue qui eut lieu entre le premier Consul et le notaire :

Bonaparte. — C'est vous, monsieur, qui avez reçu l'acte de mariage de mon frère ?

Le notaire. — Oui, citoyen premier Consul.

Bonaparte. — Vous ignoriez donc que c'était mon frère ?

Le notaire. — Non, citoyen premier Consul.

Bonaparte. — Vous ne saviez donc pas que mon consentement était nécessaire pour valider cet acte ?

Le notaire. — Je ne le pense pas. Votre frère est majeur depuis longtemps ; il a rempli de grands emplois ; il a été ministre et ambassadeur ; il n'a point de père ; il est libre de contracter.

Bonaparte. — Mais il a une mère dont il fallait avoir le consentement.

Le notaire. — Non, il est majeur et veuf.

Bonaparte. — Mais je suis souverain, et, comme tel, je devais donner mon consentement.

Le notaire. — Vous n'êtes souverain que pour

dix ans, et aucun acte n'engage votre famille vis-à-vis de vous.

BONAPARTE. — Montrez-moi cet acte de mariage.

LE NOTAIRE. — Le voilà !

Le premier Consul lut l'acte et, en refermant le registre, il faillit déchirer la page qui le contenait.

BONAPARTE. — Je ferai casser cet acte.

LE NOTAIRE. — Ce sera difficile, car il est bien cimenté, et tout y est prévu.

BONAPARTE. — Allez-vous-en !

Le notaire se retira avec son registre sans avoir été troublé un instant.

Bonaparte reprocha vivement à Lucien son mariage, et la dispute s'échauffa à tel point que le premier Consul lui reprocha d'avoir épousé une veuve ; ce à quoi Lucien répondit : « Et toi aussi, tu as épousé une veuve ; mais la mienne n'est ni vieille ni puante ! »

Les deux seules personnes qui parvenaient à mitiger ces colères de Bonaparte étaient Cambacérès et Joséphine. Le premier ne cherchait jamais à brusquer ou à contrarier ce caractère impétueux. C'eût été le pousser à de plus grandes violences ; mais il le laissait se développer avec toute sa fureur ; il lui donnait le temps de dicter les arrêts les plus iniques, et il étudiait avec sagesse et prudence le moment où cet emportement s'était exhalé sans contrainte pour lui soumettre quelques réflexions. S'il ne parvenait pas toujours à faire rapporter la mesure, il arrivait fréquemment à l'adoucir. J'ai souvent admiré le calme et l'adresse de Cambacérès à ce sujet, et je l'ai vu plusieurs fois parer à de grands malheurs.

L'impératrice Joséphine joignait à des formes charmantes une bonté inépuisable. Très souvent rebutée par l'Empereur, elle n'a jamais perdu ni de sa douceur ni de son aimable caractère ; elle s'était liée à lui par amitié et avec passion. Elle connaissait et excusait ses défauts, et l'Empereur a toujours eu pour elle un sentiment de préférence, de prédilection dont il ne paraissait pas susceptible. Oh ! combien de maux a évités cette céleste créature ! combien de malheureux lui doivent l'adoucissement de leurs peines ! C'était une providence qui veillait toujours sur cet homme farouche pour en adoucir le caractère et lui faire connaître la clémence.

Un homme qui a peu cédé à Bonaparte, mais qui ne l'a ni servi, ni contrarié, ni éclairé, c'est le consul Lebrun. Il ne lui résistait qu'autant que celui-ci blessait son amour-propre.

Un jour, dans un conseil des ministres, Bonaparte lui demanda son avis. Le consul opina contre le sien. Bonaparte dit alors qu'on ne devait rien attendre d'une ganache de soixante-huit ans.

« Oui, répliqua Lebrun, c'est ce que disent les enfants. »

Un autre jour, Bonaparte critiquait la traduction de la *Jérusalem délivrée* sous le rapport du style. Lebrun répondit : « Vous ferez bien d'apprendre la langue française, avant de la juger. »

J'ai dit combien étaient terribles chez Napoléon les premières résolutions. Il ne suivait d'abord que l'impulsion d'un caractère naturellement ombrageux, vindicatif. Il ne cherchait ni à s'éclairer sur les faits, ni à connaître les formes que la justice réclamait pour atteindre et juger les prévenus d'un délit. C'était toujours une jurisprudence nouvelle qu'il invoquait, et cette jurisprudence n'était jamais que l'impression qu'il recevait dans le premier moment. La marche de la justice était toujours trop lente, les peines voulues par la loi étaient trop douces. Souvent même les décisions des tribunaux le poussaient à des excès inouïs. Accoutumé, par caractère, à l'absolu pouvoir, il voulait juger tout par lui-même, et lorsqu'on obtenait, toujours avec difficulté, que les prévenus fussent livrés aux tribunaux, il s'indignait de la faiblesse de la peine qui était infligée et des lenteurs avec lesquelles procédait la justice. On l'a vu, dans toutes les affaires graves, circonvenir les juges par des menaces ou des promesses. L'affaire du général Moreau est encore présente à la mémoire de tous.

Lorsque ce général fut traduit devant la cour martiale pour y être jugé comme présumé complice dans la conspiration de Georges et de Pichegru, l'opinion publique se déclara pour l'accusé, et elle se manifestait dans toutes les circonstances. Cette opinion se prononçait au tribunal, aux spectacles, et dans tous les lieux publics. Le premier Consul employa tous les moyens imaginables pour le faire condamner à mort ; menaces, séductions, pamphlets, tout fut mis en jeu. Il ne se lassa pas de faire couvrir les murs d'affiches infâmes, de faire composer et distribuer dans toute la France des écrits diffamants. On ne parvint cependant à le faire condamner qu'au bannissement. Bonaparte fut furieux de ce jugement, et lorsque quatre des juges qui avaient le plus influé sur cette condamnation parurent à Saint-Cloud, il les apostropha de la manière la plus violente, les accusa d'être des prévaricateurs et les chassa du tribunal en violation des lois constitutionnelles de l'État. Ce qu'il y a de plus scandaleux dans cette affaire, c'est qu'on a vu le grand juge, ministre de la Justice, se prêter alors à cet acte d'iniquité et le servir de tout son pouvoir.

Je suis persuadé que le premier Consul ne voulait faire condamner à mort le général Moreau que pour lui faire grâce, car j'étais dans son cabinet lorsque le général Moncey vint lui annoncer qu'il venait de l'arrêter et de le conduire au Temple.

Bonaparte. — Où l'avez-vous arrêté ?

Le général. — Sur le chemin de sa terre de Grosbois.

Bonaparte. — Il n'a fait aucune résistance ?

Le général. — Aucune.

Bonaparte. — Il n'a pas demandé à m'écrire ?

Le général. — Non.

Bonaparte. — Il n'a pas demandé à me voir ?

Le général. — Non.

Bonaparte. — Moreau me connaît mal ; il veut être jugé ; il le sera[2].

Une autre affaire montre bien chez Napoléon le même besoin de faire plier la justice à sa volonté.

Le maire d'Anvers, M. Verbruck, avait été accusé de dilapidation des deniers de l'octroi de la ville. Il fut renvoyé à la Cour d'assises de Bruxelles pour y être jugé et fut absous à l'unanimité. Napoléon, qui commandait en Allemagne à cette époque, fut indigné de ce jugement. Il écrivit au grand juge pour qu'on obtînt un sénatus-consulte qui transférât l'accusé aux assises d'Amiens, ce qui fut fait ; mais la décision fut la même, et Napoléon n'alla pas plus loin.

Ce qui paraîtra peut-être plus étonnant aux yeux de la postérité, c'est qu'il ait trouvé des juges qui se soient soumis à ses caprices et que les ministres de la loi aient été les premiers à l'enfreindre. La lenteur des formalités devant les tribunaux et l'application des lois, qu'il ne trouvait jamais assez rigoureuses, lui ont fait créer des cours spéciales et des commissions militaires qui s'emparaient de presque tous les délits. Là, son pouvoir était absolu, parce qu'il nommait les juges, et que, lorsque les décisions n'étaient pas conformes à ses volontés, il renvoyait l'appel à une autre commission toute de son choix.

On l'informa, un jour, que le feu avait pris à un vaisseau du port de Brest. On observait qu'il n'y avait à bord qu'un agent de la police, étranger à l'équipage. Il ordonne au ministre de la marine de faire juger l'agent de police par une commission militaire.

Quelques jours après, le ministre lui apprend que l'agent a été acquitté et produit une longue épître de M. Caffarelli, préfet de la marine, qui établissait l'innocence de l'accusé.

Bonaparte déchire la lettre, ordonne qu'on envoie au fort de Joux les trois capitaines qui avaient jugé, nomme une autre commission et dit au ministre Decrès : « Vous me répondez personnellement du résultat. »

Le ministre vint s'asseoir à côté de moi et me dit littéralement : « S'il y résiste cette fois-ci, il aura les côtes dures. »

Huit jours après, je lus dans le *Moniteur* qu'on avait fusillé, à Brest, un homme qui avait mis le feu à un vaisseau.

Ainsi Napoléon se formait une opinion sur toutes les causes capitales qu'on portait devant les tribunaux, et lorsque le jugement était contraire à son avis, il répétait qu'on l'avait *enlacé*, que les lois étaient iniques, et qu'il finirait par se réserver le jugement de toutes les causes qui intéressaient l'État.

Il était bien plus absolu dans les affaires d'administration et de finances. C'étaient des commissions formées par lui qui préparaient les rapports ; et, comme il présidait ces conseils, ses décisions étaient bien rarement contredites ou contestées. Il avait pour principe de ne pas adjuger à un créancier de l'État au delà des deux tiers de ses demandes, de sorte que les trois membres de son Conseil qui constamment étaient chargés de l'apuration des comptes, s'étudiaient à lui présenter des rapports d'après les bases convenues. Les malheureux créanciers pour fournitures ou travaux étaient bien obligés d'en passer par là, puisque ses décrets étaient immuables et sans appel.

On s'étonnera peut-être que, d'après cette manière d'opérer, il ait pu continuer à trouver des fournisseurs ; mais l'étonnement cessera lorsqu'on saura que le ministre du matériel de l'armée était constamment débiteur de fortes sommes envers les fournisseurs, et qu'on les menaçait de ne pas les payer s'ils ne continuaient à fournir. Plusieurs fois, néanmoins, les fabricants réunis ont refusé le service sous prétexte qu'ils n'en avaient plus les moyens, ou parce que le prix qu'on mettait aux objets de fourniture leur présentait des pertes ; mais le ministre les menaçait alors de s'adresser à des étrangers et d'employer les fonds qui leur étaient dus à ces achats, et par ce moyen il obtenait de nouvelles soumissions. On a vu un de ces ministres changer les dimensions des draps dans la longueur et dans la largeur, commettre de nouvelles demandes d'après ces nouvelles dimensions et faire acheter sous main à 40 et 50 pour 100 de perte pour les fabricants tout ce qui existait dans leurs magasins d'après les anciennes dimensions. Les fabricants furent forcés de souscrire à ce sacrifice, attendu que ces sortes d'étoffes ne convenaient que pour l'habillement du soldat.

---

1. Les rapports arrivaient à l'inspecteur général plus vite que la poste, parce que les brigades de gendarmerie, établies de quatre en quatre lieues, se transmettaient les paquets de l'une à l'autre et gagnaient un quart en vitesse.
2. Bonaparte n'avait jamais été lié avec le général Moreau. Il y avait eu même interruption de toute communication entre eux. Cependant, je les ai vus dans des rapports assez intimes. J'ai vu, plusieurs fois, Moreau passer les journées entières à la Malmaison, et on eût jugé ces réconciliations sincères. Mme Hulot, belle-mère de Moreau, a toujours fomenté la discorde, et elle a brouillé Bonaparte avec le général à l'époque de la cérémonie du rétablissement du culte, de manière à rendre impossible toute espèce de ré-

conciliation. Le premier Consul m'avait ordonné de réserver pour sa femme la tribune qui, à cette époque, séparait, dans l'église de Notre-Dame, le chœur de la nef. J'en donnai l'ordre au commandant, qui y plaça une sentinelle. Mme Hulot se présenta avec sa fille, força la consigne et fut occuper le siège destiné à Mme Bonaparte. Bonaparte s'en aperçut en entrant dans l'église et fut de mauvaise humeur pendant toute la cérémonie. De retour aux Tuileries, il m'en parla avec des plaintes ; je me justifiai, mais il n'a plus vu Moreau.

OPINION DE NAPOLÉON BONAPARTE SUR LE COMMERCE, L'INDUSTRIE ET LES ARTS.

Napoléon n'aimait pas les arts, ce qui provenait peut-être de ce que la nature lui avait refusé ce tact particulier qui nous sert à en apprécier le mérite. Il était même si borné à cet égard, qu'il ne concevait pas qu'on pût s'enthousiasmer d'un tableau ou d'une statue, attendu, disait-il, que « tous étaient des copies de la nature, et qu'il n'y avait pas grand mérite à copier ou à imiter ». Néanmoins, comme il savait que son opinion à cet égard n'était pas générale, il avait l'air de s'intéresser au progrès des arts ; et, par le fait, il a fait beaucoup travailler les artistes. Ses victoires, ses monuments, sa vie fournissaient des sujets nombreux et vastes qu'il n'était pas fâché de transmettre à la postérité.

C'était par politique ou par ostentation qu'il

encourageait les arts, jamais par ce sentiment qui nous fait juger une nation et son état de civilisation par les monuments et les productions du génie. Je lui ai entendu dire plusieurs fois que, de tous les objets qui l'avaient frappé dans sa vie, les pyramides d'Égypte et la taille du géant Frion étaient ceux qui l'avaient le plus étonné. C'était curieux de le voir parcourant le beau musée de sa capitale. Il était constamment impassible devant les chefs-d'œuvre de tous les âges ; il ne s'arrêtait devant aucun, et lorsqu'on fixait son attention sur quelqu'un d'entre eux, il demandait froidement : « De qui est ça ? » sans se permettre aucune observation et sans témoigner la moindre impression.

On lui avait dit que David était le premier peintre de son siècle. Il le croyait et le répétait, mais sans jamais entrer dans le moindre détail sur la nature de son talent, et sans se permettre aucune comparaison avec les autres peintres ses contemporains. On s'apercevait aisément de l'état de contrainte où il était, toutes les fois qu'il se trouvait dans ces positions, et du désir qu'il avait d'échapper le plus tôt possible à cet état de gêne.

Il est à remarquer que l'Empereur, qui n'aimait que les grandes masses, les objets gigantesques, n'ait accordé sa confiance qu'à des hommes qui se plaisaient dans les petits détails et ne pouvaient exécuter que de petites choses. Fontaine et Percier avaient sa confiance comme architectes. Sans doute, ces deux artistes sont remplis de talent, mais ils n'ont jamais su s'élever à la hauteur des grands hommes qui ont illustré leur art. À côté du beau salon de Mars, à Saint-Cloud, ils ont décoré un salon à la manière d'un café. La salle à manger du rez-de-chaussée des Tuileries a reçu les ornements d'un estaminet des boulevards. Tout cela contraste très plaisamment avec les nobles décorations du siècle de Louis XIV. Et, quoiqu'il y ait de la grâce dans les détails, de l'élégance dans les formes, on ne peut pas s'empêcher de dire que ces pompons, ces colifichets sont très déplacés dans la demeure d'un grand monarque, où tout doit respirer le grandiose. Napoléon a dépensé des sommes énormes pour les arts, et on voit à regret qu'il n'existe pas un monument qui puisse arrêter l'œil de la postérité.

À côté de Percier et de Fontaine, figure Denon, qui a eu sa part dans le choix qu'a fait l'Empereur pour élever des monuments. Il lui a confié l'érection de la colonne de la place Vendôme. Ici l'effort n'était pas grand, puisqu'il ne s'agissait que de copier la colonne Trajane. Mais tout ce qui est de lui est empreint d'une médiocrité de talent qui fait honte au dix-neuvième siècle. Au lieu d'asseoir cette colonne de bronze sur une base imposante d'un seul bloc de granit, il l'a élevée sur une base de métal dont les bas-reliefs entassés confusément rappellent un pur étalage de chaudronnier.

Le même artiste était chargé d'élever un obélisque sur le pont Neuf. Déjà la base était établie, lorsque les événements ont fait déchoir Napoléon. Ici le même travers de mesquinerie inspirait les conceptions de l'auteur. Au lieu de transporter de nos carrières une masse énorme de granit qui eût fixé les yeux de la postérité, et sur la difficulté vaincue des transports, et sur la grandeur de l'exécution, on entassait couche sur couche de petites pierres ; ce qui annonce une dépense d'argent, mais ne démontre jamais ni la force, ni le génie, ni la majesté d'une grande nation. Denon a voulu singer l'Empereur dans tous ses travers. Plein de lui-même, de simple amateur il s'est placé au rang des peintres et des architectes. Il a voulu commander et diriger des hommes qui n'étaient pas faits pour se plier à ses caprices, et il ne s'est entouré que d'une médiocrité servile d'après laquelle on jugera très mal de l'état de nos arts sous le règne de Napoléon.

L'Empereur ordonnait, mais il était indifférent sur le mode d'exécution, parce qu'il manquait de goût pour juger par lui-même, et que, ne pouvant pas apprécier le mérite d'un artiste, il était toujours disposé à croire que celui qui avait sa confiance était le meilleur.

Napoléon n'estimait point les commerçants. Il disait que le commerce dessèche l'âme, par une âpreté constante de gain, et il ajoutait que le commerçant n'a ni foi ni patrie. Cette opinion s'était naturellement formée chez lui par l'opposition constante que le commerce a manifestée à ses projets d'ambition et de conquêtes. Sous le règne de Napoléon, aucune classe de la société n'a eu plus à souffrir que le commerce, qui ne prospère que dans la paix et sous des lois fixes et protectrices. Or, Napoléon a été constamment en guerre, et ses lois variaient au gré de ses caprices, de sorte que les opérations du commerce n'ont jamais pu être calculées sur des bases solides et ont été constamment des jeux du hasard. Dans cet état de choses, il était difficile que le commerçant prît de la confiance, et c'est la raison du jugement sévère que Napoléon avait porté sur lui.

Accoutumé à tout faire plier sous ses ordres, il s'indignait de la résistance qu'opposait le commerce à ses vues. Il eût voulu le diriger au gré de ses fantaisies. Tantôt il lui prescrivait un débouché pour ses expéditions sans avoir calculé ni les dangers, ni les besoins, ni les avantages des retours ; tantôt il lui traçait une ligne à suivre pour faire arriver les produits du dehors, comme il a fait, par exemple, pour les cotons du Levant, que le commerce recevait par Vienne et qu'il assujettit à arriver par Trieste ; tantôt il désignait les seuls objets qu'il convenait d'importer et ceux qu'il fallait exporter ; en un mot, il prétendait le faire manœuvrer comme un bataillon et exigeait de lui une soumission aussi passive. Il a été même plus loin, car pendant quelque temps il désigna lui-même les seules maisons qui pouvaient expédier tel ou tel article dans tel ou tel pays, et prescrivait les objets qu'on devait importer en retour.

Napoléon ne se bornait pas à vouloir disposer ainsi arbitrairement du commerce. Comme il n'était jamais esclave ni de sa parole ni de ses décrets, il lui est arrivé souvent de contremander l'importation ou l'exportation d'un article, sous le spécieux prétexte que les Anglais en avaient besoin. Je l'ai vu, plusieurs fois, faire donner des ordres pour qu'on n'exportât pas tel et tel article dont il avait permis la sortie, parce qu'il venait de lire dans les papiers anglais qu'on voyait avec plaisir que l'Empereur laissât sortir cet objet. L'armateur se voyait alors obligé de refaire sa cargaison à grands frais et d'éprouver des pertes considérables sur les premiers objets de ses spéculations.

En suivant un système aussi contraire aux intérêts du commerce, aurait-il dû être étonné d'être un objet d'horreur aux yeux des commerçants ? Sans doute, le négociant sait faire le sacrifice de sa fortune et de son travail lorsque l'honneur ou l'intérêt de la nation commandent une guerre ; mais dans le cas où l'ambition insatiable d'un chef, dans le cas où le caprice lui commande des mesures absurdes et contraires à ses intérêts, alors il reprend toute sa dignité, il oppose de la résistance et voue la haine et le mépris à l'homme qui abuse de son pouvoir.

L'Empereur n'avait jamais réfléchi sur la nature et l'importance des relations commerciales. Il ne savait pas que tout y est calcul et convenance, et qu'il n'y a pas une opération qui ne demande la plus grande liberté pour celui qui la fait. Il ne savait pas que les besoins d'une place appellent les ressources d'une autre, que la différence des prix détermine seule les achats, et que le commerçant, avant de faire une opération, doit avoir soumis tout au calcul. D'après cela, aucune force étrangère ne doit ni s'immiscer dans son entreprise, ni l'entraver.

Napoléon était loin de rapporter la haine que lui avait vouée le commerce aux raisons que nous venons de déduire. Il y a plus : il croyait sincèrement le servir par ces mesures vexatoires ; il croyait même l'éclairer et avait la sotte prétention de se persuader qu'il lui donnait une diversion avantageuse à ses intérêts. Ne pouvant se faire illusion sur la misère qui accablait les villes maritimes, il en appelait à un avenir plus heureux qu'il disait préparer, et regardait ces calamités comme passagères.

On sera sans doute étonné de la persévérance qu'il a mise à maintenir des principes et un système si contraires aux vrais intérêts du commerce ;

mais on le sera encore plus lorsqu'on saura qu'il a persisté, malgré toutes les observations qu'on lui a faites à cet égard, et qu'un mois avant sa chute, dans le moment où l'Europe s'ébranlait pour conquérir la France, il a repoussé avec obstination une déclaration sage que je lui avais soumise pour annoncer aux neutres et aux alliés que les relations commerciales continueraient avec eux comme en temps de paix.

Napoléon avait des idées un peu plus exactes de l'industrie manufacturière. Sous le rapport de l'utilité, il la plaçait immédiatement après l'industrie agricole. Il disait souvent que le commerçant ne faisait que déplacer les objets, mais que le manufacturier les mettait en œuvre. Il ajoutait que le commerçant, avec le secours de deux ou trois commis, faisait pour un million d'affaires, et que le manufacturier nourrissait cinq à six cents familles en opérant avec une somme égale. Il croyait que les manufactures exigeaient plus de talent, parce que, outre l'achat et la vente, à quoi se bornent les opérations du commerçant, le manufacturier était tenu de perfectionner ses produits, d'étudier le goût du consommateur et de varier à chaque moment sa fabrication.

On ne peut pas disconvenir que Napoléon n'ait rendu de grands services à l'industrie. C'est sous son règne qu'elle a atteint ce degré de prospérité où elle est aujourd'hui. C'est sous son règne qu'on s'est affranchi du tribut que nous avions payé jusque-là à l'étranger. C'est sous son règne qu'on a vu, pour la première fois, tous nos produits industriels rivaliser sur tous les marchés de l'Europe, pour le prix et la qualité, avec ceux des nations les plus éclairées en ce genre. Ces progrès rapides de l'industrie sont dus principalement à la prohibition dont il avait frappé les produits étrangers et à la sévère vigilance avec laquelle on les repoussait. Alors, les fabriques ont pu s'établir sans craindre la concurrence ; elles ont été assurées du débit de leurs produits, quoique de qualité inférieure dans le principe. Peu à peu, elles se sont perfectionnées, et enfin elles sont arrivées, en très peu de temps, à faire aussi bien que les étrangers. Si Bonaparte avait écouté les plaintes du consommateur ou des préjugés publics, nos fabriques seraient encore dans l'état d'imperfection où il les a trouvées.

Je ne puis pas taire qu'un motif puissant, son aversion pour les Anglais et le désir de nuire à leur industrie, n'ait contribué pour beaucoup à lui faire adopter ces mesures ; mais quel qu'ait été son motif, l'effet n'en a pas été moins favorable à notre industrie, et la seule fabrication des tissus de coton est devenue pour nous un commerce de deux à trois cents millions.

Mais il était dans la destinée de Napoléon d'altérer, sous quelques rapports, le bien qu'il faisait. À peine a-t-il vu prospérer ses fabriques qu'il s'est hâté de mettre un droit énorme sur l'entrée du coton. Ce droit était plus fort que la valeur mercantile de cette matière. Il s'était créé par ce moyen un impôt de trente à quarante millions. Le résultat était sans doute évident, puisqu'on ne pouvait plus concourir sur les marchés étrangers pour la vente des produits. Mais comme la consommation intérieure en est énorme, les fabriques ont continué à prospérer.

Ce système de prohibition, qui a été généralement appliqué à tous les objets de fabrique étrangère, a donné à nos manufactures un tel développement et amené une si grande perfection dans les produits, qu'il est peu d'objets dans la fabrication desquels nous soyons inférieurs aux Anglais, et qu'il en est un grand nombre pour lesquels nous sommes supérieurs. C'est ainsi qu'en peu de temps nous avons rivalisé pour tous les objets de quincaillerie, et que nous sommes parvenus à imiter parfaitement les toiles blanches et les nankins des Indes. Cette dernière fabrication était devenue pour nous un objet de quinze à seize cent mille pièces dans les seuls départements de la Seine-Inférieure, de la Somme, de l'Ain et du Nord, au moment où la loi de 1814 est venue rouvrir la porte aux nankins des Indes et a étouffé dans nos mains cette belle branche de produits.

L'Empereur ne s'est jamais fait illusion sur le danger d'admettre dans la consommation les produits étrangers en concurrence des produits de notre industrie. Il sentait que, lors même que nous aurions de la supériorité sur la qualité ou le prix, cette concurrence nous serait funeste, d'abord parce que la concurrence fait baisser les prix, et en second lieu parce que nos fabriques naissantes ne pourraient pas lutter longtemps contre celles de l'étranger.

En effet, chez nous, les capitaux employés à l'établissement ne sont pas rentrés ; le fabricant est forcé de trouver dans ses bénéfices l'intérêt de sa mise de fonds et l'intérêt de ses dépenses journalières de fabrication, tandis que le fabricant anglais, qui est rentré dans ses capitaux, peut se contenter, pour quelque temps, des bénéfices de la fabrication. D'ailleurs, le fabricant étranger trouve des ressources dans son gouvernement, lorsqu'il s'agit de porter atteinte à une branche d'industrie étrangère, tandis que le manufacturier français est toujours livré à ses propres forces.

C'est en partant de ces idées que Napoléon était ennemi de tout traité de commerce. Il pensait avec raison qu'une grande nation ne peut avoir pour traité avec les autres puissances qu'un bon système de douanes. Elle doit le présenter aux puissances comme la condition à laquelle elle laissera entrer et sortir les marchandises. Elle peut alors exiger qu'on la traite à l'égal des autres puissances et menacer de justes représailles, si elles en favorisent une à son détriment. Ainsi l'Angleterre serait tenue de recevoir nos vins aux mêmes conditions que ceux du Portugal, ou nous pourrions avec justice imposer ses produits coloniaux au-dessus de ceux des autres puissances.

D'ailleurs, un traité de commerce qui accorde des avantages à une nation au préjudice d'une autre, excite le mécontentement de cette dernière et diminue ses relations.

Il est encore un point de vue sous lequel on peut envisager les traités de commerce, c'est qu'à peine sont-ils mis à exécution que l'une des parties contractantes s'aperçoit qu'elle a été lésée ; dès lors elle tâche d'éluder l'exécution du traité, et les deux nations finissent toujours par s'engager dans une guerre.

L'Empereur avait une prédilection marquée pour la fabrique de Lyon. Il y prenait le plus vif intérêt, et lorsque les événements ralentissaient cette précieuse branche de notre industrie, il ne négligeait rien pour venir à son secours. On l'a vu, dans les époques de crise, forcer les vaisseaux qui abordaient dans un port, à prendre un quart en tissus de Lyon pour leur chargement en retour.

Pendant une année où le commerce et l'industrie étaient dans une stagnation complète, il était alarmé de l'oisiveté à laquelle étaient condamnés les ouvriers, surtout ceux du faubourg Saint-Antoine et de Lyon. Il m'envoya chercher et me dit :

« L'ouvrier manque de travail, il est alors à la merci de tous les intrigants ; on peut le soulever : je crains ces insurrections fondées sur un manque de pain ; je craindrais moins une bataille contre deux cent mille hommes. Quelles seraient vos idées pour donner du travail aux ouvriers et ranimer les fabriques ?

« — Je suis, comme vous, affecté de la détresse du commerce, et je vais vous dire franchement mon opinion. L'ouvrier manque de travail ; il faut lui en donner. Le fabricant a ses magasins pleins de marchandises qu'il ne peut pas vendre ; il faut lui prêter secours pour l'aider à payer ses engagements et lui fournir les moyens d'entretenir ses ouvriers.

« Pour remplir ce double but, voici ce que je vous propose. On réunira dans le faubourg Saint-Antoine le maire, le juge de paix, les premiers fabricants dans les principaux genres ; on leur fera distribuer des commandes de meubles et autres objets pour six millions.

« Vous enverrez à Lyon un homme intelligent qui commandera des étoffes de meubles pour six millions, et donnera le dessin de chaque étoffe, afin qu'on ne lui vende pas des objets fabriqués, car votre but est de donner du travail. »

Napoléon me demanda ce qu'il ferait de ces meubles et de ces étoffes. Je lui répondis qu'il les installerait au Palais-Royal et les tirerait de là pour meubler ses châteaux.

Tout fut exécuté, et, à l'époque de la Restauration, il y avait encore le plus grand nombre de ces objets au Palais-Royal.

Quant aux fabricants, je lui conseillai de prêter trente ou quarante millions aux principaux, avec l'engagement de ne pas fermer leurs ateliers.

Napoléon dépensa soixante-deux millions pour calmer cette crise ; il prêta jusqu'à la somme de cinq millions à des fabricants tels que Gros d'Avillers et Richard Lenoir. La crise se calma.

L'Empereur sentait si bien le besoin des sacrifices dans cette circonstance, qu'il m'est arrivé plusieurs fois de lui exposer la détresse de quelques fabricants, et que jamais il n'a refusé l'appui que je lui demandais.

Napoléon m'a dit plusieurs fois qu'il craignait les insurrections des peuples, lorsqu'elles étaient amenées par le manque de travail, tandis qu'il n'avait jamais redouté les insurrections politiques, parce qu'alors on peut mitrailler sans pitié, et qu'avec douze cents hommes bien conduits et quatre pièces de canon, il ferait rentrer tout Paris dans ses boutiques, comme il l'avait fait le 13 vendémiaire.

On peut donc dire, à la louange de Napoléon, qu'il ne s'est jamais refusé à accorder des encouragements pour faire prospérer un genre quelconque d'industrie. Il suffisait, à cet égard, de lui en faire sentir l'utilité pour obtenir tous les sacrifices possibles. Ainsi, par un système bien combiné, d'un côté, la prohibition des produits étrangers, et, de l'autre, les encouragements pour le perfectionnement des produits de notre industrie, il est parvenu à porter les fabriques françaises au plus haut degré de perfection.

Une vérité qui sera contestée par des hommes prévenus, mais qui n'en est pas moins une vérité aux yeux des gens éclairés et libres de préjugés, c'est que si la chute de Napoléon avait été retardée de deux ans, la France était à jamais affranchie du tribut qu'elle paye au nouveau monde pour ce qui regarde le sucre et l'indigo. Et la France eût été approvisionnée de ces deux produits importants par son sol et son industrie, sans éprouver aucune différence ni dans les prix ni dans la qualité de ces objets d'une grande consommation.

Quoique Napoléon eût l'esprit très réglementaire, il a été constamment détourné de la propension qu'il avait à donner des règlements aux fabriques. Cette manie réglementaire est généralement le partage des hommes qui n'ont aucune connaissance de l'industrie, ou des vieux fabricants qui, au lieu de rapporter la chute de leurs établissements au peu de soin qu'ils ont eu de suivre les progrès de leur art, sont toujours restés attachés à leurs anciens procédés. Ces hommes ne voient pas que les règlements arrêtent la fabrique au degré où elle se trouve, et ne lui permettent plus de se plier au goût du consommateur, ni de suivre le progrès des lumières. Ils ne voient pas que les règlements rendent la science de la fabrication stationnaire, tandis qu'elle se perfectionne chaque jour dans les pays où ces entraves n'existent pas. Toutes les fois que l'Empereur parlait des règlements, on le détournait de l'idée d'en donner, en lui présentant le tableau des progrès qu'avait faits, sous son règne, l'art de filer, de tisser et d'imprimer les cotons sans qu'il fût assujetti à aucun règlement, et en lui observant qu'on en serait encore aux essais très imparfaits de 1789, si on avait donné des entraves au génie.

Il inclinait beaucoup moins à rétablir les corporations, parce qu'il les croyait dangereuses pour la paix et l'affermissement de son autorité. Je lui ai souvent reproduit une idée qui l'avait frappé, c'est que l'établissement des corporations était une institution purement aristocratique, et qui n'avait été créée que comme une mesure fiscale dans tous les moments de détresse où s'était trouvé le gouvernement français.

De sorte que, sous son règne, l'industrie a joui de la plus grande liberté, et c'est à cette liberté et aux prohibitions qu'elle a dû ses progrès et sa prospérité.

L'Empereur plaçait l'agriculture au premier rang parmi les arts utiles. Il n'avait cependant aucune connaissance sur cette partie. Il était même, à ce sujet, d'une ignorance qui dépasse les bornes. Un séjour de quelques jours à la campagne donne des notions plus étendues que celles qu'il avait à cet égard. Il n'a jamais conçu, par exemple, que les prairies artificielles ne prissent pas la place du blé. Et on avait beau lui dire qu'avec des prairies artificielles on a des fourrages, qu'avec des fourrages on a des bestiaux, qu'avec des bestiaux on a des engrais, et qu'avec des engrais on triple le produit des champs, il ne voyait, lui, que la place du blé occupée par les prairies artificielles. Il lui est échappé de dire plusieurs fois, tant il allait loin dans cette fausse route, qu'il était tenté de défendre la culture en prairies artificielles. Mais comme il n'avait que du vague sur ces matières, il n'a jamais osé prendre une résolution à cet égard.

Napoléon craignait le peuple. Il redoutait les insurrections, et c'est cette crainte qui le jetait constamment dans de fausses mesures. Il avait pour principe que le blé doit être à très bas prix, parce que les émeutes proviennent presque toujours de la cherté ou de la rareté du pain. En conséquence, il ne permettait l'exportation des grains que lorsque l'agriculteur menaçait de ne plus cultiver. On n'est jamais parvenu à lui faire entendre que, le prix de tous les objets de consommation ayant augmenté d'un tiers ou de moitié depuis la Révolution, il était naturel que le blé suivît cette progression. Il ne sentait pas que l'aisance pour les hommes des champs fait la richesse d'un État, parce qu'alors ils consomment les produits des fabriques qu'ils peuvent acheter ; alors ils payent gaiement leurs impositions ; alors ils améliorent leur domaine ; alors ils donnent du travail au mercenaire. Non, il voulait que le blé fût à bas prix, et il desséchait dans sa source la prospérité publique.

Dans les deux périodes de disette qui se sont présentées pendant son règne, on l'a vu employer tous les moyens capables de l'aggraver. Toujours fidèle à son principe, mais alors ne s'occupant guère que du sort de la capitale, tantôt il forçait les boulangers à donner le pain au-dessous de ce qu'il leur coûtait, tantôt il achetait des grains qu'il leur donnait à perte pour pouvoir fournir le pain au cours qu'il avait arrêté. Dans le premier cas, la police n'avait pas assez de force pour contraindre les malheureux à consommer leur ruine ; dans le second, la différence des prix en dehors et au dedans des barrières déterminait la sortie d'une énorme quantité de pain, de sorte qu'au lieu de dix-huit cents sacs de farine nécessaires à l'approvisionnement journalier de Paris, il fallait en fournir trois ou quatre mille.

Un des plus grands défauts de Napoléon était de prendre constamment la place du commerce dans les moments difficiles et de croire que ses mesures d'administration pouvaient y suppléer. Il fallait toute son activité, toute sa sévérité pour se tirer des embarras dans lesquels il se jetait, chaque jour, par ces fausses mesures.

Ce système de ruine pour les campagnes, joint à celui des réquisitions et de la conscription, aurait dû faire abhorrer l'Empereur du paysan. Mais on se trompe. Ses plus chauds partisans étaient là, parce qu'il les rassurait sur le retour des dîmes, des droits féodaux, de la restitution des biens des émigrés et de l'oppression des seigneurs.

OPINION DE NAPOLÉON SUR L'ARMÉE, ET QUELQUES PRINCIPES SUR LA GUERRE.

Je n'ai point la prétention d'assigner ici la place que la postérité marquera à Napoléon comme militaire. Je me propose seulement de faire connaître quelques-unes de ses opinions qui lui ont échappé dans les moments d'abandon. Et comme je les lui ai entendu répéter souvent, et presque toujours dans les mêmes termes, je ne puis pas douter qu'il ne s'en fût fait des principes.

Il disait souvent qu'un soldat qui s'était battu pendant quatre à six heures ne demandait qu'un prétexte pour abandonner le combat, s'il le pouvait avec honneur, et que l'approche d'un corps de réserve, quel que fût le nombre, était presque toujours une raison suffisante pour l'y déterminer.

Il ajoutait que lorsqu'on avait à combattre des forces supérieures, il fallait les étonner par l'audace, et que, dans ce cas, il lui avait toujours réussi de réunir ses forces pour les porter avec impétuosité sur un point et mettre en désordre une partie de l'armée ennemie. Un général habile, qui sait profiter avec vigueur de ce premier avantage, est sûr de forcer son ennemi à la retraite. On perd alors dans une heure tout le monde qu'on aurait perdu sans succès par des manœuvres, des marches et des contremarches.

C'est sans doute un grand talent pour un général de faire de bonnes dispositions, de savoir arrêter un bon plan, de prendre de bonnes positions ; mais un talent bien supérieur à ce dernier et bien plus rare, c'est celui qui consiste à profiter des fautes de l'ennemi, à réparer promptement un échec. Celui-ci suppose plus de sang-froid, et Bonaparte convenait que Masséna le possédait au suprême degré.

« Tout homme, disait-il, peut former un plan de campagne, mais peu sont capables de faire la guerre, parce qu'il n'appartient qu'au génie vraiment militaire de se conduire d'après les événements et les circonstances. C'est ce qui fait que les meilleurs tacticiens ont été assez souvent de mauvais généraux.

« Je suis trop grand capitaine pour oser donner des leçons aux généraux qui commandent en Espagne. Ce n'est pas des Tuileries qu'on peut diriger une armée. »

« Le premier talent d'un général consiste à connaître l'esprit du soldat et à capter sa confiance. Et, sous ces deux rapports, le soldat français est plus difficile à conduire qu'un autre. Ce n'est point une machine qu'il s'agit de faire mouvoir, c'est un être raisonnable qu'il faut diriger.

« Le soldat français a une bravoure impatiente et un sentiment d'honneur qui le rend capable des plus grands efforts ; mais il a besoin d'une sévère discipline, et il ne faut pas le laisser longtemps dans le repos.

« Le soldat français est raisonneur, parce qu'il est intelligent. Il juge sévèrement le talent et la bravoure de ses officiers. Il discute un plan de campagne et toutes les manœuvres militaires. Il peut tout, lorsqu'il approuve les opérations et qu'il estime ses chefs ; mais aussi, dans le cas contraire, on ne peut pas compter sur des succès.

« Le soldat français est le seul, en Europe, qui puisse se battre à jeun. Quelque longue que soit une bataille, il oublie de manger tant qu'il y a du péril. Il est plus exigeant que tout autre, lorsqu'il n'est plus devant l'ennemi.

« Le soldat français est infatigable, lorsqu'il poursuit un ennemi en retraite. Il peut faire dix à douze lieues par jour et se battre deux à trois heures le soir. J'ai souvent profité de cette disposition dans ma première campagne d'Italie.

« Un soldat français s'intéresse plus au gain d'une bataille qu'un officier russe. Il attribue constamment au corps auquel il est attaché la première part à la victoire.

« L'art des retraites est plus difficile avec des Français qu'avec des soldats du Nord. Une bataille perdue lui ôte ses forces et son courage, affaiblit sa confiance en ses chefs et le pousse à l'insubordination.

« Les soldats russes, prussiens, allemands, gardent leur poste par devoir ; le soldat français, par honneur. Les premiers sont presque indifférents à une défaite, le second en est humilié.

« Les privations, les mauvais chemins, la pluie, le vent, rien ne rebute le soldat français, lorsqu'il espère ou poursuit des succès.

Le seul mobile du soldat français est l'honneur : c'est dans ce mobile qu'il faut puiser les punitions et les récompenses. Si jamais les corrections qui sont en usage pour les troupes du Nord s'établissaient parmi nous, on déflorerait l'armée, et elle cesserait bientôt d'exister comme puissance.

« Un bon mot du soldat français sur son général, une chanson qui lui peint son état de misère, ont souvent fait oublier des privations de tout genre et surmonter les plus grands obstacles.

« Le soldat français est généreux. Il pille pour dépenser, jamais pour s'enrichir. À ce sujet, j'ai entendu raconter au général Lariboisière qu'à un relais d'Allemagne, il trouva quatre grenadiers français dans une berline, et que l'un d'eux, chargé de payer la poste, demanda au postillon ce que l'Empereur lui donnait de *guide*. Sur sa réponse qu'il lui donnait trois francs par poste, il lui mit six francs dans la main, en observant qu'il était bien aise de donner à son Empereur une leçon de générosité, et qu'il ne manquât pas de le dire quand il repasserait.

« Le soldat français se bat avec bravoure, dès qu'il a l'uniforme. Il fait un soldat instruit après deux mois de marche.

« La conscription forme des armées de citoyens. Le recrutement volontaire forme des armées de vagabonds et de mauvais sujets. L'honneur conduit les premiers, la discipline seule commande aux seconds.

« Il suffit d'être juste avec des Français. Il faut être sévère avec des étrangers. »

L'Empereur racontait un jour que, la veille de la bataille d'Austerlitz, il passait en revue un corps de grenadiers. Il en menaça un des arrêts par rapport à sa mauvaise tenue ; ce soldat lui répliqua : « C'est trop peu que les arrêts, mais destituez-moi, pourvu toutefois que ce soit après-demain, car je ne veux pas être déshonoré. »

Il ajoutait qu'au fameux passage du pont de Lodi, il parcourait le front d'une demi-brigade qui recevait le feu de l'ennemi, et l'encouragea à tenir ferme. Un soldat l'apostropha en lui disant : « Vous nous faites périr en détail ; sacrifiez ma brigade ; les autres nous passeront sur le corps et, en moins d'une demi-heure, la victoire est à vous. » Après le passage opéré de cette manière, il fit chercher le soldat, qui n'existait plus. « Il y avait déjà là, disait-il, le courage et la tête d'un grand capitaine. »

L'Empereur était convaincu que l'opiniâtreté seule gagnait souvent les batailles. Je lui ai entendu raconter qu'il s'était battu avec le général Alvinzy pendant cinq jours consécutifs, sans qu'il y eût ni perte ni avantage d'aucune part. « Comme j'étais, disait-il, plus jeune que lui et plus entêté, je ne doutais pas qu'il ne finît par me céder le terrain, et je ne tenais plus que dans cette persuasion. Le cinquième jour, à cinq heures du soir, il se décida à ordonner la retraite. » L'Empereur disait souvent avec complaisance que ce général Alvinzy était le meilleur capitaine qu'il eût eu à combattre, et que c'était pour cela qu'il n'en avait jamais dit ni bien ni mal dans les bulletins, tandis qu'il avait fait l'éloge de Beaulieu, de

Wurmser et du prince Charles, qu'il ne craignait pas.

Un ennemi intimidé, disait-il, fait tous les sacrifices qu'on lui demande. « Après avoir battu Beaulieu, à mon entrée en Italie, le Piémont se trouva découvert, la consternation devint générale. Il m'eût fallu six mois pour me rendre maître de toutes ses places fortes, et ma campagne était perdue pour la conquête de l'Italie. Je menaçai le Roi d'une invasion. Il m'ouvrit ses places, et je pus poursuivre Beaulieu sans lui donner le temps de se rallier. »

« La prise de Rome, dans la même campagne, m'aurait fait perdre vingt jours dont l'archiduc Charles aurait profité. Je menaçai le Pape, qui racheta ses États moyennant trente millions, dont j'avais grand besoin, et je poursuivis l'archiduc. On traite toujours plus favorablement, disait-il, avec un souverain qui n'a pas quitté sa capitale et qu'on menace, qu'avec celui qu'on a forcé d'en sortir. Mon traité de Campo-Formio a été proposé et conclu d'après ces principes. Je n'ai menacé Moscou que pour obtenir un semblable résultat. L'effet a tourné contre moi dans cette circonstance. »

Napoléon portait dans la guerre ce caractère d'insensibilité qui, dans toutes les phases de sa carrière orageuse, a toujours été le trait dominant. En Égypte, du côté de Jaffa, il fit fusiller sept mille Turcs qui s'étaient rendus par capitulation. Cinq ou six individus qui avaient échappé à cet effroyable carnage se réfugièrent à Saint-Jean d'Acre, y firent connaître cet attentat à la bonne foi et déterminèrent la garnison à n'écouter aucune proposition et à se défendre jusqu'à la mort. C'est là la cause principale de la résistance que Bonaparte essuya à Saint-Jean d'Acre.

À peu près dans le même temps, il fit empoisonner quatre-vingt-sept soldats, malades de la peste, dans l'hôpital de Jaffa. On essaya d'abord l'opium, qui ne produisit pas l'effet qu'on en attendait, et on employa ensuite le sublimé corrosif.

En faisant sa retraite de Saint-Jean d'Acre, il fit brûler toutes les récoltes des pays où il passait, et à une grande distance, à droite et à gauche du chemin que suivait l'armée. C'est d'après des traits semblables qu'il jugeait de l'habileté des généraux. Je me rappelle l'avoir entendu une seule fois vanter le talent militaire de Wellington au moment de sa retraite sur Lisbonne, qu'il exécutait devant Masséna ; ce général dévastait tout sur sa route ; il détruisait les moulins, brûlait les subsistances et emmenait avec lui les populations et les bestiaux. « Voilà un homme, disait l'Empereur ; il est forcé de fuir devant une armée contre laquelle il n'ose pas se mesurer, mais il établit un désert de quatre-vingts lieues entre l'ennemi et lui ; il retarde sa marche ; il l'affaiblit par des privations de tout genre ; il sait la ruiner sans la combattre. Il n'y a que Wellington et moi, en Europe, capables d'exécuter ces mesures. Mais il y a cette différence entre lui et moi, c'est que cette France, qu'on appelle une nation, me blâmerait, tandis que l'Angleterre l'approuvera. Je n'ai jamais été libre qu'en Égypte. Aussi m'y suis-je permis des mesures pareilles. On a beaucoup parlé de l'incendie du Palatinat, et nos misérables historiens calomnient encore à ce sujet Louis XIV. La gloire de ce fait n'appartient point à ce roi. Elle est toute à son ministre Louvois, et c'est, à mes yeux, le plus bel acte de sa vie. »

Il jugeait avec sévérité tous les généraux qui l'avaient précédé. Alexandre était son héros, parce qu'à de grands talents militaires, à de grandes vues de politique et d'ambition, il avait su joindre un grand système d'administration et d'amélioration pour le commerce du monde.

Dans le parallèle qu'il faisait des généraux les plus estimés, il lui échappait souvent des aperçus pleins de justesse et de raison. « Il y a, disait-il, cette différence entre Condé et Turenne, c'est que le premier s'est montré à Rocroi, à vingt-deux ans, ce qu'il a été toute sa vie ; il n'a jamais été plus brillant que dans cette première campagne, tandis que Turenne s'est constamment perfectionné et que sa dernière campagne est toujours la plus savante, ce qui provient de ce que Turenne avait l'esprit d'observation et savait mettre à profit l'expérience, tandis que Condé, né militaire, s'est arrêté au point où la nature l'avait placé. » Je crains que, dans ce parallèle, Napoléon ne se soit jugé lui-même : il n'a jamais été plus grand que dans la campagne d'Italie, qu'il a faite à vingt-six ans, où, avec une armée peu nombreuse, mal vêtue, mal nourrie, dépourvue d'une partie du matériel nécessaire, il a détruit successivement quatre armées autrichiennes et a marché de victoire en victoire jusqu'aux portes de Vienne.

Il accordait du génie militaire au grand Frédéric, mais dans ce sens qu'il avait su s'écarter de la routine de son siècle. « Il a mis, disait-il, plus d'activité dans ses marches, moins de lenteur dans ses manœuvres ; il a montré de l'audace devant des généraux qui n'avaient que de la méthode ; il les a étonnés et battus, parce qu'il s'est écarté de leurs formes et de leur froide tactique. » Un jeune homme entreprenant lui eût plutôt résisté qu'un général consommé dans le métier.

Il parlait avec admiration des premiers temps de la guerre de la Vendée ; « alors, disait-il, les paysans étaient des soldats qui n'écoutaient que leur courage et leur fanatisme ; ils étonnaient et déconcertaient la troupe de ligne ; il n'y avait plus de tactique pour elle ; les paysans, armés de bâtons, s'emparaient de l'artillerie ; mais lorsque ces paysans ont commencé à se battre en ligne, alors ils ont eu de l'infériorité sur les troupes réglées, parce que, dès ce moment, la supériorité de la tactique a décidé de la victoire ».

J'ai vu un manuscrit de Kléber dans lequel cet habile général, qui avait suivi Bonaparte en Égypte, examinait avec soin son talent militaire et, passant en revue toute sa campagne d'Italie, ne lui accordait la réputation de grand général que dans cette circonstance où il se décida à lever le blocus de Mantoue et à abandonner son artillerie de siège pour aller combattre Wurmser, qui marchait contre lui avec des forces très supérieures.

OPINION DE NAPOLÉON SUR LA RÉVOLUTION.

Napoléon disait souvent que les nations avaient leurs maladies comme les individus, et que leur histoire ne serait pas moins intéressante à décrire que celle des maladies du corps humain. Tout ce qui affecte et contrarie le corps social dans ses besoins, sa croyance, ses goûts, son indépendance, constitue un état de malaise qui s'annonce par des plaintes et se décide par insurrection. « Le peuple français, disait-il, était froissé dans ses plus chers intérêts. La noblesse et le clergé l'humiliaient par leur orgueil et leurs privilèges. Ils le pressuraient par les droits qu'ils s'étaient arrogés sur son travail. Il a langui sous ce poids pendant longtemps, mais enfin il a voulu secouer le joug, et la Révolution a commencé. La chute de la monarchie n'a été qu'une suite des difficultés qui lui ont été opposées ; elle n'était point dans l'intention des révolutionnaires. »

Napoléon regardait la part plus ou moins active que chacun a prise à la Révolution comme l'effet d'une fièvre politique qui s'était emparée de toutes les têtes. Il n'y voyait pas plus de mal que dans les actes d'un frénétique, et il pardonnait à tout le monde, excepté à quelques nobles qui, comblés des faveurs de la cour, ont concouru à précipiter le monarque de son trône. Il voyait en cela, ou de l'ingratitude, ou une vile ambition. Il concevait qu'ils avaient pu se laisser aller aux idées révolutionnaires, mais il les blâmait d'avoir persisté lorsque le trône commença à être menacé ; « dès lors, disait-il, leur poste d'honneur n'était ni dans les clubs ni à la Convention ; il était à Coblentz ».

La fièvre révolutionnaire a eu son siège dans le cœur ou dans la tête. Dans le premier cas, elle était produite par l'espoir des vengeances ; celui qui en était atteint immolait son voisin sans pitié. C'était alors une perversion de sentiment qui n'était fondée sur aucune considération de bien public. Cette classe a été malheureusement nombreuse, et elle a donné à la Révolution un caractère d'atrocité qui en a dégradé le motif. Dans le second cas, ce n'était que l'explosion d'une opinion très prononcée pour une meilleure forme de gouvernement, pour le rétablissement des droits du peuple. Et, en cela, tout était noble, sacré, généreux. Cette classe était plus nombreuse, en 1789 et 1790, que la première ; mais, en 1793, elle a été subjuguée par l'autre, qui l'a traitée avec plus de rigueur que les ennemis de toute révolution. Alors la Terreur est devenue la seule divinité de la France, et il est peu d'hommes qui ne lui aient sacrifié, en apparence, leur propre manière de penser et souvent leur conduite. La plupart de ces derniers sont à plaindre, peu à blâmer. Les premiers temps de la Révolution avaient fait connaître les opinions, les seconds ont mis à découvert les caractères.

Lorsque Napoléon arriva à la tête du gouvernement, il conçut le projet de réunir tous ces partis. Étranger à tous les actes de la Révolution, il essaya de rallier à sa personne tous les hommes qui avaient montré du talent dans les diverses phases de la Révolution. Il essaya d'éteindre tous les germes de dissension ; il y parvint.

Il ne faut pas croire pour cela que Napoléon ne mît pas du discernement dans le choix qu'il faisait de ces hommes exagérés. Je me rappelle qu'un jour, Cambacérès lui ayant proposé, pour remplir une place éminente dans la magistrature, un des hommes qui avaient le plus marqué dans la Révolution, Bonaparte lui fit observer que cet homme ne convenait pas à la place. Cambacérès lui répliqua qu'il avait appelé Merlin, l'auteur de la loi des suspects, à la deuxième place de la magistrature française.

« Quelle différence ! reprit Napoléon ; Merlin a été membre du Directoire. Là, il s'est convaincu qu'il ne pouvait pas gouverner. Son ambition a été humiliée parce qu'il s'est mieux connu ; il est descendu avec plaisir à une place analogue à ses talents et qu'il a la conscience de bien remplir. Merlin n'a plus l'ambition de s'élever plus haut. L'homme que vous me présentez conserve toutes ses prétentions. Il se croit capable d'occuper votre place et peut-être la mienne. Il me servira mal, dans l'espoir d'une nouvelle révolution dont il croira devoir profiter. Non, je ne puis pas lui confier un poste qui le mettrait dans le cas de remuer trois départements. — Tant que je vivrai, ajouta-t-il, je n'ai rien à craindre de ces hommes-là. Je saurai toujours les comprimer ; mais, après moi, ces hommes vous culbuteraient. Croyez-moi, ne laissons pas prendre position à ces jacobins de première ligne. Dans un moment de crise, vous ne seriez pas assez forts pour les contenir, et si je viens à mourir, gardez-moi huit jours dans mon lit, en faisant croire que je respire encore, et profitez de ce moment pour faire vos arrangements et mettre ces hommes dans l'impossibilité d'agir. »

Malgré le soin qu'il mit à les choisir, Napoléon ne fut pas toujours heureux avec les hommes de la Révolution dont il fit ses conseillers.

À la première invasion des ennemis sur le territoire français, je fus envoyé à Lyon en qualité de commissaire extraordinaire, avec de pleins pouvoirs. Quelques jours après mon arrivée, je reçus la visite de Fouché (duc d'Otrante), qui venait de Naples. Voici ce qu'il me dit :

« J'étais en Illyrie, en qualité de gouverneur, lorsque j'ai reçu une lettre de l'Empereur qui m'ordonnait d'aller de suite à Naples pour conjurer le roi Murat de ne pas déserter sa cause, et surtout de ne pas joindre ses troupes à celles de l'Autriche. Je partis donc pour Naples. Je dis au Roi que l'Empereur était perdu, et qu'il ne lui restait, à lui, qu'une porte de salut, qui était de s'allier à l'une des quatre grandes puissances, et que l'Autriche, qui avait déjà envahi une partie de l'Italie, lui en fournissait les moyens. La Reine se rendit à mes raisons ; Murat résista jusqu'au lendemain, mais enfin il consentit à tout et me promit de réunir son armée pour l'envoyer joindre celle de l'Autriche. Je partis pour Rome, où je restai jusqu'à ce que Murat se fût exécuté.

« Sûr du succès sur ce point, je suis venu à Lyon pour m'emparer de l'armée qu'y commande Augereau et la faire marcher contre l'Empereur. Je suis en correspondance avec Metternich ; lui et les trois souverains attendent à Dijon l'issue de mon entreprise. La révolution sera courte. Nous avons organisé une régence sous la présidence de Marie-

Louise. Nous avons arrêté nos proclamations au peuple français, nos lettres aux généraux. Tout est prêt. J'ai toujours abhorré l'Empereur. J'ai tenté trois ou quatre conspirations ; mais toutes ont échoué, parce que je n'ai pas eu d'armée pour les soutenir. Voilà pourquoi je viens m'emparer de celle de Lyon.

— Je suis sûr, lui dis-je, que vous échouerez encore. L'armée de Lyon est très dévouée à l'Empereur et n'a aucune confiance en Augereau. Mais je ne conçois pas le rôle que vous jouiez en Italie : vous correspondiez avec Metternich et l'Empereur.

— Mon rôle était facile : j'écrivais à l'un que je détachais Murat de l'Empereur ; à l'autre, que tous mes efforts étaient vains, et que Murat allait se joindre à l'Autriche. »

Fouché resta treize jours à Lyon ; il fit l'impossible pour séduire l'armée, mais le tout en vain. Enfin, il se décida à envoyer à Metternich un officier, qui fut arrêté aux portes de Mâcon, où se battaient les deux armées. Il vint à Paris sans avoir eu aucun succès.

PARTIE III
LE CARACTÈRE INTIME DE BONAPARTE

BONAPARTE DANS SON INTÉRIEUR.

C'est surtout pendant les quatre années du consulat de Bonaparte qu'on a pu étudier ce caractère extraordinaire. À cette époque, il était accessible pour tout le monde. Il se montrait à découvert ; il admettait à sa table presque toutes les personnes qui le fréquentaient ; et comme il aimait beaucoup à causer, il est bien peu de questions importantes sur lesquelles on ne l'ait entendu discuter et se prononcer. Il admettait alors en bottes et en frac ses ministres et les étrangers. On passait très souvent à sa maison de campagne de Malmaison les journées entières avec lui, et le temps était tout employé en promenades, jeux et conversations.

Alors, Bonaparte était vraiment grand et estimé. Le souvenir de ses victoires, la comparaison de l'état anarchique, d'où l'on sortait à peine, avec le nouvel ordre de choses, qui donnait alors des garanties et une véritable liberté, lui captait tous les cœurs. Bonaparte lui-même paraissait heureux ; il goûtait à la fois le charme de la vie domestique, embellie par les qualités aimables de sa première compagne et par l'amour d'un peuple naturellement bon, qui lui devait la terminaison de ses longues agitations. Bonaparte était alors estimé et considéré au dehors. Et s'il eût su borner là son ambition, il serait encore sur le trône de France, entouré des bénédictions publiques.

Mais la Providence en avait décidé autrement. Le titre modeste de premier Consul lui parut au-dessous de ses prétentions. Il voulut établir une dynastie et fonder un empire. Il refondit alors nos institutions et s'arrogea des prérogatives qui, jusque-là, avaient appartenu aux grands corps. Il s'isola des hommes qui jusque-là avaient vécu avec lui dans une sorte de familiarité. Il établit une étiquette sévère à sa cour. Il y créa, pour ses courtisans, un luxe de costumes qu'on n'avait jamais vu dans les cours les plus somptueuses. Ces innovations opérèrent un changement funeste dans l'opinion publique. Les hommes qui s'intéressaient à lui presque autant qu'à leur pays s'éloignèrent, et, dès ce moment, il n'eut plus que des flatteurs autour de lui. Sa volonté devint la loi suprême ; ses décrets étaient proclamés par ses courtisans comme des oracles ; la moindre observation était punie comme insurrection ; la partie saine de la nation se tut et se borna à gémir ; les corps, qui n'étaient consultés que pour donner une apparence de forme aux actes de sa volonté, furent avilis : ainsi se forma et se consolida le despotisme le plus affreux qui ait pesé sur des hommes. Une fois parvenu à comprimer la nation, son ambition ne connut plus de bornes. Il prétendit, dans son délire, devenir le maître du monde ; et, dans l'espace de six à sept ans, il parvint, en effet, à mettre sous sa domination presque toute l'Europe, et il eût exécuté ce projet gigantesque si l'opinion publique de la France, qui s'était tournée contre lui, ne se fût pas réunie aux efforts de l'Europe coalisée pour le renverser.

Napoléon a connu sa position, mais il l'a connue trop tard. Il a cru la France inépuisable dans son affection comme dans ses ressources ; il a mal jugé, à la fois, et sa nation et les étrangers. Il a cru que la première ne l'abandonnerait pas, et que ses ennemis n'oseraient pas s'engager dans l'intérieur du royaume ; il n'a été détrompé que lorsqu'il n'y avait plus de remède. Et il a eu la douleur de voir, dans la campagne de 1814, que les Français appelaient la domination des étrangers pour se délivrer de la sienne.

Au moment où les étrangers s'ébranlaient pour marcher sur la France, Napoléon me dit un jour avec chaleur : « Misérables ! ils ne voient pas que j'ai éteint les révolutions, et travaillé vingt ans à consolider la monarchie. Ils verront qu'après moi ils ne seront pas assez forts pour arrêter le torrent qui, dans dix ans, les entraînera tous. »

Les personnes qui ont peu approché Napoléon, ou qui ne l'ont vu que quelques instants, ne peuvent le juger que très défavorablement. Son premier abord était froid et ses propos insignifiants ou malhonnêtes ; il n'avait point ces formes agréables que donnent l'usage du monde ou une éducation soignée. Parlait-il à un ambassadeur : « Vous amusez-vous à Paris ? Avez-vous des nouvelles de votre pays ? » Voilà ses formules ordinaires. Voyait-il un sénateur, un conseiller d'État : « Comment se porte monsieur le … ? Il fait chaud aujourd'hui, il fait froid ou humide. » Était-il dans un cercle de femmes, il demandait le nom à chacune, même souvent à celles qu'il connaissait depuis longtemps, et par extraordinaire il faisait quelquefois compliment sur une robe, un diamant, etc.

Souvent même, il était malhonnête et grossier. Dans une fête de l'Hôtel de ville, il répondit à Mme ***, qui venait de lui dire son nom : « Ah ! bon Dieu ! on m'avait dit que vous étiez jolie… » ; à une autre : « C'est un beau temps pour vous que les campagnes de votre mari… » ; à des vieillards : « À votre âge, on n'a pas longtemps à vivre… » ; à de jeunes personnes : « Avez-vous des enfants ? »

En général, Napoléon avait le ton d'un jeune lieutenant mal élevé ; et, au premier abord, rien n'annonçait en lui ni de l'esprit, ni le moindre usage du monde. Je l'ai vu, dans ses petites soirées, sortir de son cabinet en sifflant, accoster des femmes sans interrompre son chant, et s'en retourner en fredonnant un air italien.

Souvent il convoquait six à huit cents personnes à la Cour et n'y paraissait pas. Souvent il invitait dix à quinze personnes à dîner et se levait de table avant qu'on eût mangé la soupe.

On ne peut pas nier cependant que Napoléon n'eût beaucoup d'esprit et beaucoup de piquant dans la conversation, mais ce n'était jamais que dans les discussions qu'il développait ces qualités. Il était même très éloquent quand il était animé ou lorsqu'il voulait faire prévaloir une opinion. Je lui ai entendu tenir plusieurs propos qui feraient la fortune d'un homme d'esprit.

Un jour, Fontanes prenait le parti d'un ouvrage de M. Molé que l'Empereur critiquait. Fontanes, pressé par la dialectique serrée de l'Empereur, finit par dire qu'on devait avoir quelque indulgence pour des noms qui avaient de l'illustration : « Ah ! Monsieur de Fontanes », répondit l'Empereur, « laissez-nous au moins la république des lettres[1]. »

« L'ambition, disait un jour l'Empereur, est le principal mobile des hommes. On dépense son mérite tant qu'on espère s'élever ; mais lorsqu'on est arrivé au premier degré, on ne voit plus que le repos. J'ai créé des sénatoreries et des principautés pour laisser quelque chose à ambitionner et maintenir par là les sénateurs et les maréchaux dans ma dépendance. »

« Le génie n'est quelquefois qu'un instinct qui ne se perfectionne pas. Plus souvent, c'est l'art de bien combiner, que l'observation et l'expérience perfectionnent chaque jour. Une bonne idée ne se lie pas toujours à un bon jugement, mais un bon jugement suppose toujours de bonnes idées. »

« On ne peut pas assigner de limite à la fortune. Celui qui peut satisfaire à ses besoins avec trente francs par jour est plus riche que celui qui éprouve une privation avec trois cent mille francs de rente. Souvent, toute la différence des fortunes consiste à pouvoir manger des petits pois quinze jours plus tôt. »

« Les anciennes dynasties ne peuvent souffrir les nouvelles qu'autant que celles-ci les effrayent. Elles accordent à la peur ce qu'elles ne peuvent pas donner à l'affection. »

Napoléon témoignait un jour au poète Lemercier le regret qu'il avait qu'il ne l'eût pas suivi en

Égypte. Celui-ci lui observa qu'il ne se plaisait que là où les droits de l'homme sont reconnus. « Eh bien, répliqua Bonaparte, vous eussiez vu un pays où le souverain compte pour rien la vie de ses sujets et où le sujet compte pour rien sa vie, et vous vous seriez guéri de votre philanthropie. »

Napoléon avait quelquefois de l'abandon dans la conversation. Mais, si l'interlocuteur voulait s'en prévaloir pour lui faire des observations ou pour attaquer quelqu'un de ses principes, il changeait promptement de ton, reprenait tout son ascendant, et cherchait à l'humilier plutôt qu'à le combattre. Il fallait se méfier constamment de son faux air de bonhomie. Les gens qui le connaissaient le mieux, ceux qui vivaient le plus habituellement dans sa société, tels que Duroc et Berthier, ne s'écartaient jamais des bienséances. Il jouait souvent à toutes sortes de jeux, mais il trichait sans cesse ; il se faisait payer, mais rendait l'argent que sa conscience lui reprochait d'avoir mal gagné.

Je l'ai vu plusieurs fois jouer aux barres sur les gazons de la Malmaison et ne cesser le jeu que lorsqu'il était en sueur.

Personne n'était à son aise autour de Napoléon, parce que personne ne pouvait compter sur des sentiments de bonté ou d'indulgence de sa part. Le moindre contretemps, la plus légère inattention le portaient à des fureurs, et il n'avait aucun égard pour les personnes qui le voyaient le plus habituellement, de sorte que ces personnes étaient toujours sur les épines, dans la crainte de déplaire ou de prendre sur elles des décisions qui pourraient le contrarier. Aussi étaient-elles constamment occupées à prendre ses ordres pour les plus petites choses, et à les exécuter sans modification, fort heureuses encore s'il ne faisait pas retomber sur elles l'inconvenance de quelques mesures qu'il avait ordonnées lui-même.

Sa Cour était une vraie galère où chacun ramait selon l'ordonnance.

Napoléon avait une complexion physique et morale qui ne ressemblait en rien à celle d'aucun autre grand personnage connu. Sa taille était petite ; sa physionomie expressive ; son corps sain ; son audace extrême. Son esprit et son corps étaient inépuisables à la fatigue. On l'a vu rester douze à quatorze heures à cheval sans éprouver aucun besoin. Il racontait avec complaisance qu'il s'était battu pendant cinq jours consécutifs contre le général Alvinzy sans quitter ses bottes et sans fermer l'œil, et que, lorsqu'il l'eut forcé à la retraite et ordonné ses préparatifs pour le poursuivre, il dormit trente-six heures. On a vu

Napoléon revenir du fond de la Pologne sans s'arrêter, convoquer son conseil en arrivant et montrer la même présence d'esprit, la même suite et la même force d'idées que s'il avait passé la nuit dans sa chambre. Il avait l'habitude de prendre un bain pour se délasser ; il dormait souvent dans le bain, et prétendait que l'eau redonnait à ses fibres, en une heure, tout ce qu'elles avaient perdu d'action par la fatigue.

La fatigue ou un exercice forcé paraissaient nécessaires à sa constitution. Après des campagnes pénibles de six mois, il revenait plus gras et mieux portant qu'à son départ.

Ses facultés morales étaient aussi inépuisables que ses facultés physiques. Il tenait souvent des conseils qui duraient huit à dix heures, et c'était toujours lui qui faisait le plus de frais en paroles et en contention d'esprit. Après ces conseils, il en tenait d'autres pour des matières différentes, et jamais on ne s'est aperçu de la fatigue de son esprit. Il se retirait souvent dans son cabinet après ces conseils, et c'était pour s'y livrer à de nouveaux travaux. Il lui est arrivé souvent de ne prendre que quelques minutes dans la journée pour ses repas, et de passer tout le reste du temps à travailler.

Napoléon n'observait aucune règle dans sa manière de vivre. Il n'avait rien de fixe pour ses repas ni pour son sommeil. Je l'ai vu dîner à cinq heures et à onze. Je l'ai vu se coucher à huit heures du soir et à quatre ou cinq heures du matin. Ce n'était point toujours la nature ou l'importance de son travail qui amenait ces bizarreries ; c'était souvent un système qu'il se faisait : ainsi, pendant six mois, il s'était fait une loi de ne dîner qu'à la nuit tombante. Plus souvent, c'était le besoin qu'il éprouvait de manger ou de dormir qui variait ses heures de repas ou de sommeil. Quelquefois, il dormait huit ou dix heures ; d'autres fois, à peine couché, il se levait et travaillait toute la nuit.

Napoléon était très sobre et n'avait aucune prédilection pour tel ou tel aliment. En se mettant à table, il s'emparait d'un plat et bornait là son repas. Il était rarement à table plus de dix à douze minutes, à moins que la conversation ne lui plût. Il lui arrivait souvent de se lever de table et de laisser des convives affamés qui avaient à peine eu le temps de déplier leurs serviettes. Dans le commencement, on se levait avec lui sans avoir dîné, et il n'invitait pas à continuer le dîner ; mais, quelque temps après, il fut convenu qu'on ne le suivrait point.

Personne n'était à l'aise dans la société de Napoléon que lui seul. Il ne s'est jamais gêné en rien, et il tenait tous ses alentours dans l'étiquette et la contrainte les plus sévères. Le souverain mépris qu'il avait des hommes lui inspirait cette conduite.

Ceux qui ont étudié Napoléon se sont aperçus

que, pendant les quinze années de son règne, il s'est opéré de grands changements dans son physique et son moral. Rien n'a égalé son activité pendant les quatre années de son Consulat. À cette époque, il cherchait à s'instruire sur toutes les parties de l'administration ; il réunissait en conseil, tous les jours, les hommes les plus forts, et là, on discutait toutes les questions ; il fatiguait ses conseillers ; il était seul infatigable. Lorsqu'il eut acquis des connaissances et qu'il se fut formé une opinion sur toutes choses, je l'ai dit déjà, il n'écouta plus personne. Alors les ministres eux-mêmes ne furent plus que des porteurs de portefeuilles qu'on remettait à Maret, qui les faisait signer.

C'est à cette époque qu'il se fit proclamer Empereur. À quarante ans, il prit de l'embonpoint ; il n'avait plus la même confiance dans ses forces. Il était dégénéré.

Ce fut surtout à son retour de Moscou que les personnes qui l'approchaient de plus près remarquèrent le très grand changement opéré dans la constitution physique et morale de Napoléon. Cette campagne, qui, sans altérer sa gloire militaire, avait fait tort à sa prévoyance et lui avait fait périr la plus belle armée qui fut jamais, le forçait de renoncer au plan gigantesque que son ambition avait conçu. D'un autre côté, le froid énorme qu'il venait d'éprouver avait agi sur son moral, et je confesse que, depuis cette triste époque, je n'ai retrouvé en lui ni la même suite dans les idées, ni la même force de caractère. On n'apercevait plus que des élans d'imagination toujours incohérents. On ne voyait plus ni le même goût ni la même aptitude au travail ; et j'ai dit souvent que sur cent fibres dont pouvait se composer son cerveau, il n'y en avait pas plus de la moitié de saines.

Dès ce moment, la fatigue du cheval lui devint insupportable ; le sommeil, qu'il avait maîtrisé jusque-là, le maîtrisa à son tour ; la table, qui lui avait paru indifférente, commença à avoir des attraits pour lui. Lui seul ne s'aperçut pas de ces changements. Il voulut réparer sa fortune sans avoir les mêmes moyens qu'il avait eus pour la fonder, et loin de bien juger son changement de position, il rapportait ses propres fautes à la trahison ou à l'impéritie de ses généraux. Le général Becker, qui a été chargé d'accompagner Napoléon à Rochefort, où il s'est livré aux Anglais, m'a rapporté qu'il accusait les généraux de tous ses revers dans ses dernières campagnes.

Comme les plus petits détails contribuent souvent à faire mieux connaître les hommes que les grands événements, je rapporterai quelques traits de la vie domestique de Napoléon qui pourront faire juger de son caractère.

Napoléon était destructeur par habitude et par caractère. Dans la salle du conseil et au milieu d'une délibération, on le voyait, un canif ou grattoir à la main, dépecer le bras de son fauteuil et y faire des entailles profondes. On était sans cesse occupé à rapporter des pièces à ce fauteuil, qu'on était sûr qu'il dépècerait le lendemain. Pour varier ses plaisirs en ce genre, il s'emparait d'une plume et couvrait de larges barres d'encre chacune des feuilles de papier qu'il avait devant lui. Dès qu'elles étaient bien noircies, il les froissait dans ses mains et les jetait à terre.

Lorsqu'on lui apportait quelque ouvrage de sculpture délicat, il sortait rarement de ses mains qu'il ne l'eût mutilé. Je me rappelle que je lui présentai un jour son portrait à cheval exécuté à la fabrique de porcelaine de Sèvres, avec une vraie perfection. Il le plaça sur une table. Il cassa les étriers, puis une jambe, et, sur l'observation que je lui fis que l'artiste mourrait de chagrin s'il voyait ainsi mutiler son ouvrage, il me répondit froidement : « On répare tout cela avec un peu de pâte. »

Caressait-il un enfant, il le pinçait jusqu'à le faire pleurer. À la Malmaison, il avait une carabine dans son cabinet, avec laquelle il tirait constamment, par la fenêtre, sur les oiseaux rares que Joséphine entretenait dans les bassins du parc.

Le malin génie de la destruction le possédait au point qu'il n'entrait jamais dans la serre chaude de la Malmaison sans couper ou arracher quelqu'une des plantes précieuses qu'on y cultivait.

Croira-t-on qu'avec cette manie de détruire, de briser, il pût apporter le plus grand ordre dans ses dépenses ? Rien de plus vrai cependant. Son état de maison était à la fois un modèle d'ordre et d'économie. Il tenait des conseils avec tous les chefs ordonnateurs, une fois la semaine. Là, il arrêtait ses comptes, ouvrait des crédits, se faisait présenter des états exacts, et par pièces, de toutes les dépenses, des ventes et achats, et il ne se consommait pas un article, ni dans ses cuisines, ni dans ses écuries, ni dans ses appartements, dont il ne connût le prix. Il s'amusait quelquefois à demander à ses courtisans le prix des divers objets de consommation, et se complaisait à observer qu'il était servi à meilleur marché qu'eux.

Un jour que j'entrais dans son cabinet, il me dit d'un air joyeux qu'il venait de gagner sur ses dépenses 35,000 francs par an. Je lui demandai sur quoi portaient ces économies : « Sur le café », me répondit-il. « On prenait ici 155 tasses de café par jour, chaque tasse me coûtait 20 sous, ce qui faisait 56,575 francs par an (le sucre coûtait alors 4 francs et le café 5 francs la livre). J'ai supprimé le café et accordé 7 francs 6 deniers en indemnité. Je payerai 21,164 fr. et j'économiserai 35,000 fr. »

Napoléon était doué d'une mémoire extraordinaire, mais il avait surtout celle des chiffres et celle des noms. Les résultats des tableaux de situation qu'on lui présentait se gravaient dans sa tête d'une manière ineffaçable, et c'est pour cela qu'il exigeait des états en chiffres et qu'il détestait les phrases.

Il redressait souvent ses ministres sur les aperçus qu'ils lui donnaient ; il rappelait avec une précision étonnante les états des années précédentes, et très rarement l'erreur était de son côté. Je me souviens qu'un jour, le ministre Dejean lui soumettait un état général des dépenses d'étape dans la marche des troupes ; Napoléon s'arrêta à un article où il était passé douze cent trente rations pour le passage d'un corps à Fontenay. « Il y a erreur, dit-il, ce corps était à Rochefort à cette époque ; il en est parti tel jour pour aller en Espagne et n'a pas passé par Fontenay. Vos états sont faux. » Dejean voulut défendre son travail. Mais Napoléon insista, et le ministre, ayant fait vérifier ses états, convint, huit jours après, qu'il y avait erreur. — Une autre fois, je lui présentai trois députés du Valais : il demanda des nouvelles de ses deux petites filles à l'un d'eux. Ce député me dit n'avoir vu qu'une fois Napoléon, au pied des Alpes, lorsqu'il allait à Marengo. « Des embarras d'artillerie, ajouta ce député, le forcèrent de s'arrêter un instant devant ma maison ; il caressa mes deux enfants, remonta à cheval, et depuis lors je ne l'avais pas revu. »

Il suffisait à Napoléon d'avoir vu un homme une seule fois dans les voyages en province pour que, dix ans après, il se rappelât son nom, son département et son état. Napoléon avait toute son armée dans sa tête. Il eût dit, sans hésiter, quelle était la force de chaque corps, le lieu où il était, les détachements qu'il avait dans les environs, etc. Il connaissait presque tous les officiers de son armée, et eût décrit l'histoire de leurs nombreuses campagnes avec autant d'exactitude qu'ils auraient pu le faire eux-mêmes.

Napoléon était toujours habillé simplement. Il ne portait jamais que le costume de colonel de sa garde, vert ou bleu, et un chapeau à trois cornes sans plume. Lorsqu'il montait à cheval, surtout dans les campagnes, il avait une redingote qui a été constamment de couleur grise. Tout ce qui l'entourait était richement costumé, et ce contraste était à son avantage.

Dans les grands jours d'étiquette et lorsqu'il recevait sur son trône, il étalait alors un grand luxe. Ses ordres étaient en beaux diamants, de même que la garde de son épée, la ganse et le bouton de son chapeau et ses boucles. Ces habits lui seyaient mal, il en paraissait embarrassé, et il les quittait le plus tôt qu'il pouvait.

Le luxe de sa Cour avait été porté jusqu'à l'extravagance. Les femmes et les hommes y étaient couverts d'or et de pierreries. Les princesses de sa famille donnaient à cet égard un exemple que tout le monde voulait suivre ; il n'en était aucune qui n'eût pour plusieurs millions de parures. Napoléon excitait un peu ce goût effréné pour la dépense, parce que, selon lui, on faisait ainsi travailler les artistes. Il donnait à pleines mains, mais on savait qu'il voulait qu'on dépensât, et cela suffisait pour produire ce luxe.

On a cru que Napoléon était prodigue. Mais ceux qui l'ont connu de près savent qu'il était aussi économe des deniers de l'État que de ceux de sa caisse. Jamais personne n'a mieux calculé une dépense. Ce qu'il donnait à ses généraux était le fruit de leurs victoires. Il les enrichissait aux dépens de l'ennemi. Il leur accordait des dotations dans les pays étrangers, parce qu'il voulait leur assurer une fortune et attirer en France le numéraire des pays voisins. Il gratifiait souvent de ses épargnes ; il ne souffrait pas que l'homme qui le servait éprouvât le besoin. Il comblait même de présents les personnes qui dépensaient le plus en prodigalités ; mais tout cela était pris sur la caisse de l'extraordinaire, alimentée par les revenus étrangers, ou dans les économies sur sa liste civile.

Lui parlait-on d'un savant estimable tombé dans la détresse, il envoyait de suite des secours. Apprenait-il qu'un maréchal ou un général désirait acquérir une terre ou un hôtel, il lui envoyait un million pour en faire l'achat. Lui disait-on qu'un sénateur, un conseiller d'État était obéré, il lui faisait remettre une somme suffisante pour payer ses dettes.

Je pourrais ici citer mille traits à l'appui de ce que je viens de dire[2].

Aucun souverain n'a plus donné que l'Empereur, aucun n'a fait plus de mécontents. La raison m'en paraît toute simple. D'abord ses largesses se répandaient souvent par boutades, et la répartition n'était jamais ni en raison des services, ni en raison du besoin : les uns en étaient accablés, les autres n'y avaient aucune part. En second lieu, Napoléon n'a jamais su accorder une grâce, ni faire un don de manière à inspirer de la reconnaissance ; il avait toujours l'air de distribuer une aumône, et jamais de récompenser des services ; il humiliait plutôt qu'il n'encourageait. Une autre raison qui n'a pas peu contribué à faire des ingrats, c'est que les généraux surtout considéraient ses dons, non comme des bienfaits, mais comme des dettes qu'il acquittait à leur égard. Naguère ses camarades et ses égaux, ils le regardaient comme leur ouvrage et lui pardonnaient avec peine son exaltation. Ils croyaient tous avoir des droits à partager sa fortune.

· · ·

Napoléon n'a jamais éprouvé un sentiment généreux : c'est ce qui rendait sa société si sèche, c'est ce qui faisait qu'il n'avait pas un ami. Il regardait les hommes comme une vile monnaie ou comme des instruments dont il devait se servir pour satisfaire ses caprices et son ambition. Un ministre russe, le prince Kourakin, lui parlait des ressources de son pays pour recruter l'armée. « J'en conviens, dit-il, mais votre maître a-t-il comme moi vingt-cinq mille hommes à dépenser par mois ? »

Dans une bataille dont l'issue tenait à une belle charge de cavalerie, il ordonna au général Nansouty de charger à la tête de la cavalerie de la garde en disant : « Plutôt que de ne pas enfoncer l'ennemi, faites-les périr tous, je ne les ai pas dorés pour eux. »

Lorsqu'on lui annonça que le général de Latour-Maubourg venait d'avoir la cuisse emportée, il se borna à demander froidement : « Qui le remplace ? »

Se promenant sur le champ de bataille d'Eylau, couvert de vingt-neuf mille cadavres, il les retournait avec le pied et disait aux généraux qui l'entouraient : « C'est de la petite espèce. »

À son retour de la déroute de Leipzig, il accoste M. Laplace : « Ah ! vous avez bien maigri. — Sire, j'ai perdu ma fille. — Oh ! il n'y a pas de quoi maigrir. Vous êtes géomètre ; soumettez cet événement au calcul, et vous verrez que tout cela égale zéro. »

C'est à cette insensibilité qu'on doit rapporter plusieurs des actions de sa vie. Il m'a dit souvent que, pour bien administrer, il fallait mettre son cœur dans sa tête.

Napoléon n'avait aucun attachement pour sa famille. C'est par vanité qu'il l'a élevée, mais non par sentiment du mérite d'aucun des individus qui la composent, ni par affection pour aucun. Il ne paraissait sensible au débordement de ses sœurs que lorsqu'elles s'avilissaient dans leurs amours. Il parlait souvent avec mépris de ses frères. Je me rappelle qu'il entrait un jour au conseil des ministres, les papiers anglais à la main. On lui demanda s'il y avait quelque chose de nouveau. « On dit que Jérôme a été pris, à telle hauteur, à son retour de la Martinique. Je n'en crois rien ; mais si les Anglais croient qu'un événement de cette nature changerait quelque chose à ma politique, ils se trompent. Car je verrais toute ma famille à la bouche d'un canon que je ne modifierais pas la proposition la plus indifférente. »

Lorsqu'il croyait avoir à se plaindre de quelqu'un de ses frères, il lui échappait souvent de dire « qu'il était bien malheureux de n'être pas bâtard ».

Ses frères avaient tous son opiniâtreté sans avoir les mêmes qualités ni les autres défauts. Joseph paraissait avoir plus de bonhomie et moins d'ambition ; totalement livré à son goût pour les femmes et à son amour pour une vie oisive, il a été lancé comme malgré lui dans la carrière de l'ambition. Joseph avait moins d'esprit que ses frères, mais il ne manquait pas de bon sens et de raison ; placé dans la classe des hommes opulents, il eût été heureux et d'une société aisée et douce.

Louis avait de l'esprit, de l'instruction et de la philosophie ; son état maladif le disposait peu à se jeter dans la carrière de l'ambition, et il tâchait d'adoucir les ordres sévères de son frère par tous les moyens possibles. Il a abdiqué le trône de Hollande dès qu'il a vu que son frère lui prescrivait des mesures que son honneur et ses principes ne lui permettaient pas d'exécuter. Et du moment qu'il en a été descendu, il a vécu en simple particulier ; il a refusé la dotation de deux millions qu'on lui avait assignée en France. Il s'est constamment refusé à toutes les propositions d'honneurs et de fortune qui lui ont été faites.

Lucien avait beaucoup d'esprit, des connaissances et beaucoup de caractère ; il s'est brouillé de bonne heure avec son frère Napoléon, parce qu'il n'a jamais voulu plier sous ses principes ni sous sa volonté. Il se croyait fait pour occuper le premier rang et s'indignait de se trouver en seconde ligne. On a mal à propos attribué son éloignement à son peu d'ambition ; il a reparu dès qu'il a cru qu'il pouvait jouer un grand rôle, et lorsqu'il s'est rendu à Paris, après le retour de son frère, il a cru pouvoir le forcer à abdiquer, à établir une régence et à s'en faire élire président.

Jérôme avait de l'esprit naturel, mais il est difficile de trouver un jeune homme plus orgueilleux, plus mal élevé, plus ignorant et plus ambitieux. Lorsque son frère fut placé à la tête du gouvernement, il avait à peine douze ans, et il a été nourri, depuis cette époque, dans l'adulation et la débauche. C'était le plus servile de tous les courtisans de Napoléon, qui payait cette docilité par toutes les faveurs qui étaient en son pouvoir.

Il n'a pas pu échapper à un esprit observateur que tous les individus de cette nombreuse famille sont montés sur des trônes, comme s'ils avaient récupéré une propriété. Lorsque Napoléon fut proclamé Empereur par le Sénat, il parla de son peuple et de ses sujets, dans la réponse qu'il adressa à ce corps, sans émotion, sans étonnement, sans embarras, tout comme eût pu le faire Louis XIV après soixante ans de règne. Les frères, les sœurs, beaux-frères prenaient un trône comme on recueille un héritage ; et, chose étrange, il n'en est aucun qui n'ait montré du mécontentement sur la modicité du lot qui lui était échu. La cour de ces rois du jour prenait aussitôt le ton de la cour la plus somptueuse de l'Asie. L'étiquette la plus sévère y était observée, le cérémonial le plus imposant y était prescrit. C'étaient trente à quarante dames des premières maisons qui formaient le cortège des femmes. C'étaient des chambellans par centaines, des princes, des maréchaux et les nombreux grands officiers de la couronne qui escortaient les nouveaux souverains.

La politique avait eu un peu de part à l'établissement de ce luxe effréné. Napoléon avait toujours cru que le peuple s'en laissait imposer par ces dehors, et que les grands mesuraient presque toujours leur soumission et leur respect sur la distance à laquelle on les tenait. « Ce n'est pas sans raison, disait-il un jour, que l'Église a bâti des temples et couvert les prêtres d'or et de pierreries dans toutes les cérémonies religieuses. Ces dehors imposants annoncent la majesté de leur Dieu et commandent le respect et la vénération. Les empereurs de Russie, ajoutait-il, sont accessibles à leurs sujets. Aussi les étrangle-t-on dans leur lit, dès qu'il se forme deux partis à la cour. J'en ai fait des observations à l'empereur Alexandre, et je crois l'avoir déterminé à établir au moins une bonne police à Pétersbourg. »

Nous avons déjà observé que Napoléon n'avait aucune instruction. Les auteurs grecs et latins lui étaient presque inconnus. Il avait rapidement parcouru quelques historiens dont il avait retenu quelques faits ; il s'était formé une opinion à la hâte ; et les autorités les plus respectables, l'approbation unanime des siècles ne pouvaient opérer aucun changement dans ses idées. Tacite était, selon lui, le plus mauvais historien de l'antiquité ; peut-être s'en était-il formé cette opinion d'après le tableau que cet auteur fait de Tibère. Horace n'était bon que pour des sybarites. Homère seul avait son hommage. Parmi les modernes, il admirait peu Voltaire, Racine et Rousseau. Corneille était celui de nos poètes qu'il estimait le plus. Il lisait rapidement presque tous les ouvrages qui paraissaient ; il en approuvait peu et faisait supprimer tous ceux dont la morale ou les principes lui avaient déplu. C'était cette intéressante Joséphine qui était son lecteur ordinaire. Ils ne voyageaient jamais ensemble sans qu'on mît dans la voiture tous les livres nouveaux, que Joséphine avait l'extrême patience de lui lire en route. Madame de Genlis recevait une pension de six mille francs pour lui rédiger des extraits de tous les romans, et elle lui fournissait un bulletin par semaine.

Napoléon se faisait traduire les journaux anglais, tous les jours, par l'un de ses secrétaires. Dans le principe, on supprimait toutes les diatribes qu'on se permettait contre sa personne et sa famille. Il voulut enfin tout connaître, et on traduisait littéralement et sans altération. Napoléon avait presque sur tout des systèmes ou des préjugés qui déterminaient sa conduite. Je l'ai vu déclamer violemment contre la médecine ; mais une humeur dartreuse s'étant portée sur sa poitrine, le médecin Corvisart la ramena à la peau, en lui appliquant des vésicatoires. Ce phénomène le surprit beaucoup, et dès lors il disait qu'il croyait aux médecins, persistant toujours avec opiniâtreté dans son premier dire contre la médecine ; ce qui forme un propos vide de sens, car, qu'est-ce que le médecin sans la médecine ?

Napoléon ne croyait ni à la vertu, ni à la probité. Il appelait souvent ces deux mots des *abstractions* ; c'est ce qui le rendait si défiant et si immoral. Sa politique n'était qu'astuce et tromperie. Obligé quelquefois de céder aux circonstances, il signait des traités et ne faisait qu'ajourner ses projets ultérieurs. Un de ses ministres, le félicitant après le traité de Tilsit, lui observa que ce traité le rendrait maître de l'Europe. L'Empereur lui répondit : « Et vous aussi, vous êtes peuple ! Je ne serai maître que lorsque j'en aurai signé le traité à Constantinople. Et le traité que je viens de signer me retarde d'un an. »

Lorsqu'on connaît le caractère et l'insensibilité de Napoléon, on voit évidemment que l'amour n'a jamais dû exercer sur lui un bien puissant empire. Deux ou trois femmes d'un caractère doux et aimable ont paru le fixer plus longtemps, et lui ont arraché des égards, mais jamais l'amour n'est entré dans ses liaisons. Au milieu de son débordement, il conservait constamment une prédilection pour Joséphine, et disait assez plaisamment qu'il fallait toujours qu'il en revînt à elle. À la vérité, il ne laissait pas ignorer que ce retour était moins motivé par un véritable attachement que par des circonstances qui lui rendaient cette femme plus agréable.

L'Empereur estimait sincèrement l'archiduchesse Marie-Louise. Il disait souvent : « Si la France connaissait tout le mérite de cette femme, elle se prosternerait à ses genoux. » Et cet aveu ne sera contredit par aucune des personnes qui ont pu la voir de près : modeste, raisonnable, bonne, généreuse, compatissante, étrangère à toute intrigue, elle avait toutes les vertus. L'éloge le plus parfait qu'on puisse faire de cette femme, c'est que, pendant quatre ans que nous l'avons possédée, la malignité, assez naturelle aux Français, n'a pas trouvé à s'exercer sur elle.

Napoléon ne parlait bien aucune langue. Sa langue maternelle était le corse, qui est un jargon italien, et lorsqu'il s'exprimait en français, on s'apercevait aisément qu'il était étranger. Il ne lisait et ne parlait ni l'anglais ni l'allemand. Il n'avait même appris aucun mot de cette dernière langue, quoiqu'il eût séjourné à plusieurs reprises dans ce pays.

Napoléon s'occupait des petites choses avec le même soin qu'il donnait aux grandes. Il ordonnait et réglait lui-même le cérémonial de sa Cour. Il prescrivait tout ce qui concernait ses voyages jusque dans les moindres détails. Lorsque l'Impératrice voyageait, il lui dressait un itinéraire dont il lui était défendu de s'écarter. Il déterminait le nombre des voitures qui devaient l'accompagner. Il arrêtait leur ordre de marche et le nombre de chevaux qui devaient être attelés à chacune. Il lui dictait les réponses qui devaient être faites à chaque députation, lui désignait le logement qu'elle devait occuper dans chaque ville, la qualité des personnes qu'elle devait admettre à sa table. J'ai vu plusieurs de ces agendas : on aurait quelque peine aujourd'hui à croire qu'ils aient été écrits sous sa dictée. J'ai été deux fois son secrétaire pour cet objet. Une fois entre autres, Joséphine devait aller prendre les eaux d'Aix-la-Chapelle. Le premier Consul me fit appeler et me dit : « Joséphine part demain pour les eaux. Cette femme est bonne et facile ; il faut lui dicter sa marche et tracer sa conduite ; écrivez. » Il me dicta vingt et une pages de grand papier.

Il écrivait de manière à ne pouvoir être lu, de sorte qu'il dictait toutes ses dépêches ; mais il dictait avec une telle rapidité que personne ne pouvait le suivre dans ses expéditions. J'ai été mis souvent à cette cruelle épreuve pendant deux et trois heures de suite. Un jour, le premier Consul me dit qu'il voulait former une école militaire à Fontainebleau et me fit connaître les principales dispositions de cet établissement. Il m'ordonna de rédiger le tout par articles et de le lui apporter le lendemain. Je passai la nuit au travail et je le lui portai à l'heure indiquée. Il le lut et me dit que c'était bien, mais que ce n'était pas complet. Il me fit asseoir et me dicta pendant deux à trois heures un plan d'organisation en cinq cent dix-sept articles. Je crois que rien de plus parfait n'est jamais sorti de la tête d'un homme.

Bonaparte fatiguait ses ministres par une correspondance active, journalière, qui portait sur les plus petits détails. Il éveillait néanmoins, par ce moyen, leur attention sur toutes les parties de leur administration. Il commandait quelquefois l'impossible et voulait être servi sur-le-champ. Il demandait des états qui, pour être exacts, auraient exigé un travail de plusieurs semaines, et il les demandait à l'heure, parce qu'il ne savait pas ajourner ses besoins. Si on se bornait à lui présenter des aperçus, on excitait son mécontentement. Il valait mieux mentir avec audace que de retarder pour pouvoir lui offrir la vérité. Je l'ai vu affecter une grande prédilection pour Regnaud de Saint-Jean d'Angely, parce que celui-ci répondait hardiment à toutes ses questions et n'aurait pas été embarrassé s'il lui avait demandé combien de millions de mouches se trouvaient en Europe au mois d'août. C'est sur des bases aussi hasardées qu'on a établi plusieurs fois l'état des fabriques, celui de l'agriculture, etc., et c'est d'après cela qu'on donnait à la France pour quelques milliards de commerce et d'industrie dans les temps les plus calamiteux.

L'Empereur aimait à être obéi promptement et n'admettait aucune raison de retard. Il ordonnait des monuments et de grands travaux et en faisait souvent commencer l'exécution sans qu'il y eût ni plan ni devis.

Me promenant un jour avec lui dans les jardins de Malmaison, il me dit : « J'ai l'intention de faire de Paris la plus belle capitale du monde ; je veux que dans dix ans, il y ait une population de deux millions d'habitants. »

« — On n'improvise pas les populations, répondis-je ; sans doute, un grand souverain qui fixe sa résidence sur un point, qui réunit autour de lui les principales administrations, qui forme de nombreux établissements pour la prospérité des arts, des sciences et du commerce, peut y agglomérer une population nombreuse ; mais cela ne suffit pas encore pour réunir deux millions d'habitants. Il faut de grandes facilités pour les approvisionnements, des débouchés pour les produits de l'industrie, et rien de tout cela n'existe à Paris. Nos principaux approvisionnements se font par une rivière qui n'est point navigable trois mois d'hiver ni trois mois d'été. Paris est toujours au moment de manquer de subsistances. À la halle, il n'y a jamais que quatre à cinq mille sacs de farine par jour, et il en faut deux mille pour les besoins journaliers. Louis XIV, pénétré de ces vérités, avait conçu une grande idée, celle de jeter dans la Seine une partie de la Loire. Par ce moyen, la Seine était navigable dix mois de l'année, et la partie de la France située entre Orléans et les montagnes du Velay versait tous ses produits à Paris ; mais, dans l'état actuel, Paris nourrirait avec peine un million d'habitants ; l'existence d'un plus grand nombre se voit compromise à chaque instant ; livrez l'accroissement de la population à lui-même, il s'établira tel qu'il doit être ; Paris offre assez d'appas aux gens riches et de ressources à l'homme de peine pour que l'autorité ne doive pas s'en mêler. » — « Soit ! ces raisons sont solides ; mais je veux faire quelque chose de grand et d'utile pour Paris. Quelles seraient vos idées à ce sujet ? »

« — Donnez-lui de l'eau. »

« — Bah, de l'eau ! Plusieurs fontaines et un grand fleuve coulent dans Paris. »

« — Il est vrai que des fontaines et un grand fleuve coulent dans Paris, mais il n'est pas moins vrai que l'eau s'y vend à la bouteille, et que c'est un impôt énorme que paye le peuple, car il faut une voie d'eau par jour pour les besoins de chaque ménage, ce qui, à 2 sous la voie, fait plus de 36 francs par an, et vous n'avez aujourd'hui ni fontaines publiques, ni abreuvoirs, ni moyen de laver les rues. »

« — Quels seraient vos moyens pour donner de l'eau à Paris ? »

« — Je vous en proposerai deux : le premier serait de construire trois pompes à feu de la force de quarante chevaux chacune, l'une au centre de Paris et les deux autres aux extrémités. La ville en ferait les frais, dont elle se couvrirait par une légère rétribution sur les habitants. Le second projet consisterait à amener la rivière de l'Ourcq à Paris : cette rivière, qui est à vingt-deux lieues, verse ses eaux dans la Marne, la Marne se vide dans la Seine, de sorte que l'Ourcq peut être aisément amenée au haut de la Villette, d'où ses eaux se répandraient dans Paris. »

« — J'adopte ce dernier projet ; envoyez chercher M. Gauthey[3] en rentrant chez vous, et dites-lui de placer demain cinq cents hommes à la Villette pour creuser le canal[4]. »

Une autre fois, il mande Fontaine, son architecte, à onze heures du soir, et lui ordonne de conduire, le lendemain, à cinq heures du matin, cinq cents hommes à un endroit de la place du

Carrousel qu'il lui indique, pour y élever un arc de triomphe en l'honneur de l'armée. On observe vainement qu'on n'a ni plan ni devis ; il insiste, et le lendemain, à l'heure indiquée, les cinq cents hommes sont employés à remuer des terres. Duroc, à son lever, s'aperçoit de ce mouvement et croit que Daru, sans l'en prévenir, a commandé ce travail. Il le fait appeler ; celui-ci témoigne autant de surprise que Duroc en avait éprouvé. Ils envoient chercher Fontaine, qui leur raconte ce qui s'était passé et leur demande de rentrer au plus vite chez lui pour s'occuper du plan et du devis.

Napoléon usait, sans compassion, les hommes qui le servaient soit dans le civil, soit dans le militaire. Il n'avait égard ni à l'âge, ni aux infirmités, ni à la fatigue. Comme il était toujours absolu et pressé, il n'accordait jamais le temps convenable pour préparer le travail qu'il demandait. On passait les nuits pour le servir, et il était rare qu'il fût jamais satisfait, encore plus rare qu'il eût l'air de vous tenir compte de vos fatigues. Je l'ai vu un jour, à un conseil tenu à Fontainebleau, molester fortement Champagny de ce qu'il n'avait pas pu lui apporter, ce jour-là, des renseignements qui exigeaient de longues et pénibles recherches dans les archives. Le ministre lui observa que l'archiviste, M. d'Hauterive, était malade. Sur ce propos, l'Empereur répliqua brusquement, en se tournant vers Montalivet, qui souffrait horriblement de la goutte : « Eh bien, foutre ! quand les commis sont malades, on les envoie à l'hôpital et on en prend d'autres. »

Napoléon, qui était si impérieux et qui exigeait tant de la part de ses subordonnés, comptait néanmoins leur temps pour rien. Il n'était pas rare qu'il fît attendre deux et trois heures, dans ses antichambres, les ministres ou les membres de ses conseils, quoiqu'il eût fixé l'heure lui-même. On le voyait souvent, lorsqu'il avait ouvert la séance du conseil de ses ministres, s'occuper longtemps d'objets étrangers au travail pour lequel on était convoqué ; et, après plusieurs heures de digressions sur des matières étrangères, renvoyer le travail à un autre jour, ou le presser tellement qu'on avait à peine le temps de lire les titres des rapports. C'est surtout lorsqu'il était préoccupé d'un objet qu'il se livrait à ces digressions ; il parlait pendant des heures entières sur cet objet et tâchait de former l'opinion de ses ministres pour qu'ils éclairassent le public et donnassent une explication favorable de tous les actes de son gouvernement.

Il développait, dans toutes ces circonstances, un grand talent et surtout une grande adresse. Il ne manquait jamais de motifs pour tâcher de légitimer les mesures les plus arbitraires et souvent atroces. C'est surtout dans ces sortes de confidences qu'on voyait à découvert le caractère astucieux de Napoléon, les principes de sa politique et son opinion sur les hommes.

Comme il redoutait beaucoup l'opinion publique, il essayait de la former ou plutôt de la diriger non seulement dans le conseil de ses ministres, mais à la Cour, auprès de ses affidés, et dans son conseil d'État. Il croyait que l'opinion qu'il émettait deviendrait, par ce moyen, celle de la France et de l'Europe. C'est ainsi qu'il tâchait de justifier ses projets de guerre, ses actes de despotisme, etc. Mais, tout en admirant l'art avec lequel il cherchait à tromper ou à faire illusion, rarement on était convaincu.

Je me rappelle qu'à l'époque de la réunion du Piémont à l'empire français, il se rendit au Sénat, et que là il parla pendant une heure et demie sur l'importance et la nécessité de cette réunion. Il s'attacha surtout à prouver qu'elle était utile au Piémont, à l'Italie et aux souverains qui ne pouvaient voir qu'avec douleur l'un d'eux froissé entre deux républiques, la France et l'Italie. Il affecta de ne pas dire un mot des avantages qu'en retirerait la France, de sorte qu'il avait l'air de s'emparer du Piémont dans les vues de la politique européenne et dans l'intérêt des rois plutôt que dans ses intérêts propres. Cette réunion fut opérée immédiatement après le traité d'Amiens, et les Anglais refusèrent alors d'évacuer Malte, qui était une des conditions de la paix. L'Empereur cria beaucoup à la perfidie, et il crut aveugler l'Europe sur les véritables causes qui venaient d'amener une nouvelle guerre.

La dernière guerre avec la Russie n'avait pas de motifs plus légitimes. Malgré son système continental, il commerçait avec l'Angleterre en accordant des licences à plusieurs de ses bâtiments. La Russie voulut imiter son exemple. Il le trouva mauvais. L'empereur de Russie lui fit proposer de convenir du nombre de licences que chacun pourrait accorder chaque année. Il rejeta cette proposition si raisonnable, et il marcha sur Moscou avec une armée de cinq cent mille hommes. Comme il nourrissait toujours le projet d'une domination universelle, il ne demandait jamais qu'un prétexte pour tromper la nation, en obtenir des sacrifices et marcher à l'accomplissement de ses desseins.

Napoléon avait une volonté inflexible. Il voulait que ses ordres fussent exécutés sans examen, sans résistance et sans observation ; il exerçait ce despotisme à l'armée comme dans son intérieur. Il ne supportait pas qu'on refusât un emploi auquel il nommait sans jamais avoir consulté ; le refus attirait constamment la disgrâce. On n'apprenait jamais une nomination par lui-même ; ses plus intimes n'en étaient instruits que par les papiers publics ou par les ministres. Les ministres avaient peu de part à ses nominations ; ils ne manquaient pas de lui présenter des listes pour les places vacantes ; mais rarement il prenait sur ces listes. C'étaient toujours des protégés de quelque général en faveur qui les obtenaient. Il s'embarrassait peu qu'ils eussent les talents nécessaires ; il les nommait sans les connaître. Ainsi, d'un général disgracié, d'un colonel qui avait perdu une jambe, il faisait des receveurs généraux à Nîmes et à Rouen. Depuis six ou huit ans, il ne s'occupait même plus de nominations au conseil des ministres. Il faisait remettre les portefeuilles à M. Maret, secrétaire d'État ; celui-ci profitait d'un moment pour obtenir des signatures, et il s'était arrogé un tel empire qu'il était parvenu non seulement à placer tous ses amis et parents, mais même tous ceux que ses connaissances lui recommandaient. Il fallait d'autant plus d'adresse pour en arriver à ce point, que Napoléon se défiait de ses alentours et qu'il craignait par-dessus tout qu'on crût qu'il pouvait être mené.

Lorsque l'Empereur croyait s'être attaché le chef d'une famille, il se montrait très économe de ses largesses pour les autres individus qui la composaient. Il réservait ses faveurs pour attirer à lui d'autres familles qui paraissaient s'en éloigner. C'est surtout dans les places à la Cour qu'on voyait cette politique dans tout son jour. Il y avait appelé un des membres de presque toutes les familles anciennes, et il disait assez plaisamment qu'il en avait peuplé ses antichambres. En causant un jour avec une dame d'une grande maison de l'ancien régime qu'il avait attachée à l'Impératrice, il lui échappa de dire à cette dame qu'il n'y avait que les individus de sa caste qui sussent *servir*.

Il suivait rarement l'impulsion qu'on lui donnait, et j'ai vu combien il a fallu d'artifices pendant trois ou quatre jours pour le décider à ordonner la mort du duc d'Enghien ; ceux qu'on accuse n'ont été que des agents forcés du crime ; les vrais coupables ont trouvé le moyen de s'échapper de la scène. J'ai tout vu.

---

1. Fontanes n'était pas toujours, vis-à-vis de l'Empereur, en reste d'esprit, et cette anecdote m'en rappelle une autre qui en est comme la contre-partie. On venait de jouer *Britannicus* sur le théâtre de Saint-Cloud, où Talma avait paru avec sa supériorité ordinaire ; il y avait cercle dans la galerie après le spectacle.

    J'étais à causer avec Fontanes dans un coin, lorsque l'Empereur nous aborda : « Eh bien, Fontanes, dit-il, j'espère que vous avez été content de Talma ? — Sire, répondit Fontanes, j'ai vu Lekain. — Voilà comme vous êtes, répliqua l'Empereur, toujours les anciens ! — Sire, je vous abandonne César et Alexandre, mais laissez-moi Lekain. »
2. L'Empereur sortit un jour à six heures du matin et à pied, pour aller visiter avec Duroc les bâtiments qu'on construisait pour l'entrepôt des vins à Paris. Après avoir tout vu, il se sentit pressé par la faim et proposa à Duroc d'entrer dans une auberge pour y déjeuner. Lorsqu'on leur présenta l'état de la dépense, qui s'élevait à six francs dix-neuf sous, aucun d'eux ne se trouva de l'argent pour payer. Duroc fut envoyé pour faire connaître leur état de détresse et proposer de leur donner un garçon qui les accompagne-

rait chez eux ; l'aubergiste s'y refusa, en leur observant qu'ils payeraient à la première occasion. L'Empereur, rentré chez lui, envoya dix louis à l'honnête aubergiste. Le soir, il parlait gaiement de cette aventure.
3. Habile ingénieur des ponts et chaussées.
4. Les choses n'allèrent pas tout à fait aussi vite, mais le lendemain M. Gauthey reçut l'ordre de se rendre sur les lieux et de parcourir la ligne pour faire un rapport. À son retour, le rapport fut approuvé et l'exécution ordonnée. On en estima approximativement la dépense à douze ou quinze millions.

MES VOYAGES AVEC BONAPARTE.

J'ai accompagné quatre fois le premier Consul dans les voyages qu'il a faits à l'intérieur de la France. Là, on pouvait le juger beaucoup mieux qu'au milieu de sa Cour, où, entouré de courtisans et préoccupé de grands intérêts politiques, il avait souvent de l'humeur et se livrait peu à des confidences. L'accueil qu'il recevait partout, l'enthousiasme qu'il excitait, le faisaient descendre jusqu'à la familiarité. Il recevait chez lui, se mêlait avec confiance aux groupes du peuple et parlait indistinctement à tout le monde. C'est là qu'il connaissait l'opinion publique ; c'est là qu'il étudiait les besoins du peuple, et il ne tardait pas à y satisfaire.

Le premier voyage que j'ai fait avec lui a été à

Lyon. Il y avait réuni sept à huit cents députés italiens et m'avait ordonné d'y appeler trente préfets des départements voisins. Son projet était d'y organiser la république Cisalpine, à la tête de laquelle on était convenu de placer M. Melzi, considéré de tous les partis. Après deux ou trois conférences, il crut devoir s'adjuger la présidence et se proclama président dans une assemblée générale. Peu de temps après, il nomma M. Melzi duc de Lodi.

Tous les soirs, à neuf heures, il avait une conférence avec les préfets. Chacun rendait compte de son administration. Il les questionnait sur les besoins et les ressources de leurs départements, sur le genre et l'état de l'industrie, sur l'opinion qui régnait, et prenait une idée fort exacte de la capacité de chacun. Ces conférences duraient deux heures, après quoi il les invitait à prendre du thé. Je n'ai jamais vu Napoléon développer plus de sagacité que dans ces conférences ; aussi, les préfets en étaient étonnés. Il était rare qu'à la fin de chaque séance il ne me signalât quelque préfet comme digne d'être avancé, avec injonction de le lui présenter à la première occasion.

Il visita les principales fabriques de la ville ; il questionnait surtout les fabricants sur les débouchés de leur industrie et particulièrement sur les moyens de les augmenter.

Pendant son séjour, il rétablit l'hospice de

Saint-Bernard ; il dota l'établissement de vingt-deux mille francs et ordonna qu'on rachetât tout ce qu'on en avait vendu. C'est là qu'il conçut le projet de tous ces grands travaux de communication qu'il a exécutés par la suite.

C'est encore à Lyon qu'il reçut la visite de plusieurs généraux et savants qui revenaient d'Égypte. Il les accueillit tous avec bonté, et leur promit de s'occuper de leur sort.

Dans le voyage que je fis en Normandie avec Napoléon, il partit de Saint-Cloud à bidet, suivi de son courrier favori *Moustache*. Il arriva quatre heures avant les voitures. Nous eûmes, dans la route, bien de la peine à nous débarrasser des fêtes et compliments qu'on avait préparés partout pour sa réception. On se refusait à croire qu'il eût passé incognito.

Arrivé à Rouen, je le trouvai dans son bain. C'était là son usage ; il prétendait, je l'ai dit ailleurs, que l'eau lui rendait les forces qu'il avait perdues par la fatigue. Aussi trouvait-il un bain préparé partout où il s'arrêtait.

Le lendemain, il entendit la messe de l'archevêque Cambacérès. Rentré dans son cabinet, il me fit appeler et me dit avec humeur : « Cet homme ne m'a pas fait les honneurs qu'on rend aux souverains, il ne m'a pas offert la patène à baiser : ce n'est pas que je ne me moque de sa patène, mais je veux qu'on rende à César ce qui appartient à César. » Rentré dans le salon, j'y trouvai l'archevêque, à qui je rapportai la plainte de Napoléon. Celui-ci me répondit qu'il avait fait tout ce que prescrivaient ses livres en pareil cas. Je transmis de suite cette réponse au premier Consul, qui s'en contenta, parce qu'il vit qu'il n'y avait pas de mauvaise intention. Il reçut ensuite toutes les autorités constituées et causa avec elles pendant six heures.

Il invita à dîner les chefs des principales autorités. Pendant le repas, Napoléon fit tomber la conversation sur le traité de commerce de 1789 avec les Anglais, qu'il improuva beaucoup. M. Beugnot, préfet, en prit la défense ; la dispute s'échauffa, et lorsque je vis qu'elle commençait à dépasser les bornes de la discussion, je pris la parole et je ramenai la question à son véritable point de vue, en faisant observer que les Anglais n'avaient pas agi de bonne foi dans l'exécution. Le premier Consul changea de conversation et parla de la campagne de Henri IV en Normandie. Le général Suchet, qui commandait à Rouen, parla de cette campagne avec une telle supériorité de talent que Napoléon l'écouta pendant une demi-heure sans mot dire. Après le dîner, le premier Consul me prit à part et me dit : « Vous m'avez présenté Beugnot comme un homme d'esprit ; c'est un pur idéologue. Je ne le chargerai jamais de conclure un traité de commerce. Quant à

Suchet, il a beaucoup ajouté à l'idée que j'avais de lui. »

Le lendemain, nous sortîmes à huit heures pour aller visiter les principales fabriques, et nous ne rentrâmes que pour dîner. Dans une fabrique de teinture de coton, le fabricant se plaignait de ne pas faire constamment des couleurs unies. Je lui en fis connaître la cause : je lui dis qu'il tordait inégalement les matteaux de coton ; je mis la main à l'œuvre et tordis un matteau. Cette leçon égaya beaucoup Napoléon et étonna les ouvriers. Partout il questionnait sur les matières qu'on employait, les procédés qu'on suivait, le prix de chaque objet, les salaires des ouvriers, etc.

Le lendemain, nous fûmes au Havre, où, sur l'observation qu'on lui fit que l'entrée du port s'ensablait, il ordonna la construction d'une écluse de chasse qui a rendu les plus grands services. Il ordonna une réunion des principaux négociants pour le même jour ; là se débattirent les plus grands intérêts du commerce. Il distingua surtout M. Fouache, qui, par la profondeur de ses vues et l'étendue de ses lumières, éclaira toutes les questions mises en discussion ; il m'avoua, en sortant de cette assemblée, que c'était la première fois qu'on l'avait convaincu que le commerce était une science.

Du Havre, il se rendit à Honfleur, et revint à Paris par Dieppe et Compiègne.

. . .

Dans un voyage que nous fîmes en Belgique et qui dura quarante-cinq jours, il m'avait demandé l'état statistique de toutes les villes où il devait s'arrêter. Cet état lui servit dans plusieurs circonstances. À Gand, par exemple, en récapitulant devant le conseil municipal les principales ressources de leur ville, il leur dit qu'ils avaient treize raffineries dans leur enceinte. Le maire observa qu'il n'y en avait que neuf. Mais un des conseillers repartit qu'il y en avait effectivement treize. On les compta, et le conseiller eut raison. Le maire se confondit en excuses, étonné de ce que Napoléon connaissait mieux sa ville que lui, qui l'administrait depuis dix ans.

En traversant la Belgique, depuis Lille jusqu'à Anvers, Napoléon s'extasiait à chaque instant de la beauté, de la richesse et de l'élégance des villages qu'il traversait. Partout, deux à trois cents demoiselles, vêtues de blanc, ornées de fleurs, et autant de cavaliers montés sur des chevaux superbes, venaient au-devant de lui et de sa femme. Ce fut surtout en entrant dans le beau village de Saint-Nicolas, qui contient 18,080 habitants, qu'il éprouva une de ces émotions qu'il est impossible d'oublier. C'était un jour de marché ; la place, une des plus grandes qu'il y ait au monde, était couverte de blé ; tous les toits et les fenêtres étaient garnis de spectateurs. Napoléon ayant demandé à la municipalité s'ils ne désiraient pas une sous-préfecture et un tribunal, il lui fut répondu que tout cela ne valait pas pour eux un jour de marché.

En traversant l'Escaut, de la tête de Flandre à Anvers, Napoléon demanda quelle était la profondeur du fleuve. On lui répondit : « Vingt-deux pieds. » Il ajouta : « La profondeur est-elle la même jusqu'à Flessingue ? » On lui dit que oui. Se tournant vers le ministre de la marine : « Combien de pieds d'eau prennent les vaisseaux de 14 ? » — « Vingt-deux pieds quand ils ne sont pas armés, et vingt-cinq lorsqu'ils le sont. » — « Cela me suffit. Je veux faire ici un grand port de construction, capable de recevoir vingt-deux cales. » S'adressant à moi : « Demain, vous m'achèterez ce grand couvent qui est là, vis-à-vis, et toutes les maisons contiguës. » Et au ministre de la marine : « Vous achèterez tout le terrain nécessaire pour placer vingt-deux cales. » Tout fut fait le lendemain. Il ordonna à Decrès de faire partir six cents forçats de Brest et de traiter pour vingt-cinq millions de fournitures.

Le premier Consul avait pour principe qu'il fallait établir les chantiers de construction à l'embouchure des grandes rivières, parce que les approvisionnements y étaient plus faciles ; il voulait ne consacrer les grands ports qu'au radoubage. Il avait commencé des travaux au port de Bouc, pour en faire son port de construction dans la Méditerranée. Il a fait sonder l'embouchure de la Loire, qui ne lui a pas présenté assez de profondeur. Il disait souvent qu'en temps de guerre le pied cube de bois, rendu à Brest par terre, lui coûtait dix francs. Il se rendit à Flessingue, où il ordonna pour huit à dix millions de travaux, soit pour assainir la ville, soit pour agrandir le port. Ainsi fut improvisé le plus bel établissement maritime qu'il y eût en Europe, et qui a coûté plus de quatre cents millions.

L'enthousiasme que Napoléon produisit dans Anvers se concevrait difficilement. La froide réception qu'avait faite ce peuple à Joseph II, il y avait peu d'années, contrastait singulièrement avec l'ivresse qu'avait produite le premier Consul. C'étaient tous les jours de nouvelles fêtes. Aussi Bonaparte accorda-t-il à la ville tout ce qu'elle lui demanda.

De là, nous fûmes à Bruxelles, où il eut un dîner de vingt-cinq couverts tous les jours. Et sa femme recevait les dames tous les soirs. Un jour que Joséphine s'était parée élégamment et avec beaucoup de grâce, Bonaparte trouva que sa femme était mise moins richement que les autres dames. En rentrant dans son appartement, il lui en fit de vifs reproches, et je la trouvai en pleurs. Elle me dit le sujet de la scène que venait de lui faire son mari. Je n'eus pas de peine à prouver à Bonaparte qu'il avait tort, et que la toilette de sa femme surpassait en valeur celle de toutes les femmes qui assistaient au cercle. Je m'amusai à faire l'inventaire de sa toilette, et lui démontrai qu'elle portait sur elle plus de quarante-cinq mille francs, y compris une parure de trente mille francs que lui avait donnée la ville.

Il fit rendre à la douairière, duchesse d'Arenberg, tous les biens qu'on lui avait confisqués, comme il avait rendu à Gand quatre-vingt mille francs de rente aux nièces de l'évêque, M. de Beaumont.

Nous allâmes de là à Namur, où j'ai vu figurer sur la place le plus singulier combat que j'aie vu de mes jours. Quatre cents hommes, montés sur des échasses très hautes, étaient divisés en deux partis, les uns habillés en blanc et les autres en rouge. Ils manœuvrèrent avec une rare précision pendant deux heures. Après quoi ils se livrèrent un combat, n'ayant d'autres armes qu'une de leurs échasses. La bande rouge fut victorieuse et reçut le prix des mains du premier Consul.

Les bourgeois vinrent se plaindre de leur évêque. Ils l'accusaient d'insulter les femmes dans l'église, pour peu que leur mise ne lui plût pas. Ils articulaient que, dans une procession, à l'entrée de l'église, où la foule retardait sa marche, il avait ordonné au porte-croix de « crosser ces bougres-là ».

Ils ajoutaient qu'il vivait publiquement avec une fille qu'il faisait passer pour sa nièce. Bonaparte en parla le soir à l'évêque, qui lui répondit qu'il avait servi dans l'armée du Rhin, et qu'il ne pouvait pas perdre les habitudes qu'il y avait prises.

DE LA POLICE DE BONAPARTE.

Comme Bonaparte était naturellement soupçonneux et défiant, il couvrait la France d'espions, et il croyait à leurs rapports avec la même bonne foi qu'un vieux prêtre croit à l'Évangile. Chaque jour amenait de nouvelles dénonciations ; chaque jour faisait éclore de prétendues conspirations, et on le voyait retirer sa confiance aux uns et jeter les autres dans les cachots, sans que jamais on pût en connaître le motif.

Outre le ministre et le préfet de la police, il avait trois directeurs généraux de police, qui résidaient à Paris et qui avaient la surveillance sur les départements, divisés en arrondissements. Il existait des commissaires généraux de police dans toutes les grandes villes et des commissaires spéciaux dans toutes les autres. Ce grand nombre d'agents, qui remplissaient chaque jour leur bulletin de tous les *on dit* des cafés, semaient l'alarme partout. Aucun citoyen ne pouvait se flatter de ne pas être arrêté et compromis. Et les administrateurs, qui n'étaient pas à l'abri des dénonciations, avaient en tout une marche timide. C'était presque toujours à de jeunes gens qu'on confiait ces fonctions importantes, de sorte que l'habitude des délations desséchait de bonne heure ces jeunes cœurs, qui bientôt n'étaient accessibles à aucun sentiment généreux. C'était presque toujours sur leurs rapports qu'on destituait les administrateurs, qu'on enfermait des citoyens paisibles, etc.

Indépendamment de cette police, l'Empereur en avait de plus redoutables encore. La gendarmerie était chargée de transmettre chaque jour à l'inspecteur général, à Paris, un bulletin pour faire connaître la situation de chaque partie de la France, et les gendarmes ne consultaient souvent que leurs ressentiments ou des propos de cabaret, qui compromettaient par des délations faciles le repos des citoyens et la tranquillité des villes.

À toutes ces polices venait se joindre celle des aides de camp et des généraux qui composaient la garde de Napoléon. Cette police était la plus dangereuse de toutes pour les personnes de la Cour et les principaux agents de l'administration, parce qu'elle était confiée à des hommes dévoués qui dénaturaient tout, empoisonnaient tout, et présentaient comme criminels tous ceux qui n'étaient pas lâchement adorateurs de leur idole.

Tout cet échafaudage de police ne suffisait pas encore à Napoléon. Il avait chargé plusieurs personnes de lui rendre compte de tout ce qui se passait parmi les savants, les commerçants, les militaires, et cette correspondance lui arrivait à Moscou comme aux Tuileries. Mme de Genlis, Fiévée, Regnaud de Saint-Jean d'Angély étaient ses correspondants et pensionnés comme tels.

Comme Napoléon ajoutait une foi entière à toutes ces délations, les préventions se formaient, les arrestations se faisaient, les destitutions s'opéraient sans qu'il fût jamais possible d'en connaître la cause. Aussi, dans les derniers temps, les destitutions étaient un titre de gloire pour ceux qui en étaient l'objet, et rien n'annonce à un plus haut degré le peu d'estime qu'on a pour un souverain.

Napoléon aimait beaucoup les commérages. Plusieurs de ses agents intimes le tenaient au courant des anecdotes scandaleuses de la ville et de la Cour, et c'était encore dans ces sources impures qu'il puisait les préventions qu'il prenait contre quelques personnes.

Il avait toujours regardé le célèbre Humboldt comme un espion de la Prusse. Il lui a demandé cent fois son nom, quoiqu'il le connût parfaitement ; il ne lui a jamais parlé.

Il ordonna un jour à Savary, ministre de la police, de le faire sortir de Paris dans les vingt-quatre heures. L'ordre fut transmis à Humboldt, qui sur-le-champ vint me prier de parler à l'Empereur ; je me rendis à la soirée de Napoléon aux Tuileries ; selon son usage, l'Empereur me prit à part pour causer avec moi.

« Qu'y a-t-il de nouveau dans les sciences ? » me dit-il.

« — Rien, lui répondis-je, et si M. de Humboldt n'imprimait ses voyages dans l'Amérique méridionale, nous serions dans une stagnation complète. »

« — Ces ouvrages sont donc bien importants, bien importants ? » repartit-il.

« — Ils ne sauraient l'être davantage, ajoutai-je. M. de Humboldt possède toutes les sciences, et lorsqu'il voyage, c'est toute l'Académie des sciences qui marche. On ne peut que s'étonner de ce que, dans trois ans, il a pu recueillir tous les matériaux qu'il met en œuvre à Paris. Et puis, il a adopté notre patrie. Il publie dans notre langue, il emploie nos graveurs, nos dessinateurs, nos imprimeurs. »

« — Ne s'occupe-t-il pas aussi de politique ? »

« — Sa réputation l'a lié avec tous les étrangers, qui le recherchent, mais je ne l'ai jamais vu s'entretenir que de sciences. »

« — Vous le croyez donc bien nécessaire à la France ? »

« — Ce serait un deuil général s'il venait à nous quitter. »

Napoléon appelle Savary et lui ordonne de ne pas mettre à exécution l'ordre qu'il lui avait transmis le matin. Si j'avais eu l'air de connaître la mesure qu'il avait prise et que je lui en eusse parlé, je n'aurais rien obtenu.

Napoléon a toujours cru pouvoir former l'opinion publique et diriger l'esprit public par les journaux et les spectacles. Aussi avait-il soumis les uns et les autres à la censure la plus rigide ; non seulement on exerçait la censure sur les pièces nouvelles, mais on donnait des sujets à traiter à des littérateurs estimables. Et c'est ainsi qu'on a fait composer le *Triomphe de Trajan* par Esménard, et les tragédies d'*Hector* et de *Tippo-Saïb* par Luce de Lancival et Jouy. On allait même plus loin : on faisait mutiler les tragédies de Corneille par Esménard, ou pour en effacer quelques traits dont on redoutait l'application, ou pour y intercaler quelque sentence à la louange de Bonaparte. On salariait trois ou quatre poètes, tels que Baour-Lormian, Treneuil, d'Avrigny, Esménard, Étienne, etc., pour chanter, à jour fixe, les exploits du héros et les principaux événements de son règne. Napoléon était tellement ombrageux, il redoutait à un tel point les applications qu'on pouvait lui faire dans la plupart des pièces du Théâtre-Français, qu'il commença par en retirer plusieurs du répertoire, telles que *Mérope, la Mort de César*, etc., et il ne permit la représentation de quelques tragédies de Corneille qu'après les avoir fait mutiler. Une observation qui n'a pas pu échapper aux hommes capables de juger ses actions, c'est qu'il a constamment prohibé les pièces où il s'agissait de l'usurpation d'un trône, de la punition d'un tyran ou de quelque allusion à la maison de Bourbon. Sa rage contre les Anglais l'avait porté à proscrire tout ce qui rappelait une victoire sur la France, tel que le siège de Calais ou quelque acte de vertu, même privée.

Les divers événements de son règne amenaient chaque jour des changements dans le répertoire des théâtres. Le fameux procès du général Moreau avait soulevé d'indignation l'opinion publique contre Napoléon, et le parterre applaudissait avec transport tous les passages des tragédies et comédies qui avaient quelque rapport avec la position malheureuse de ce général estimé. Comme ces scènes se renouvelaient tous les jours, tous les jours on ôtait une ou deux pièces du répertoire. En trois semaines, on en était arrivé à ne pouvoir plus produire que la tragédie de *Phèdre*. Le malin public y trouva bientôt des applications qui lui avaient échappé jusque-là. Et il se dédommageait amplement de ses privations en applaudissant avec transport les vers suivants :

> *Le jour n'est pas plus pur que le fond de mon cœur.*
> *Un seul jour ne fait pas d'un homme vertueux*
> *Un perfide assassin, un lâche incestueux.*

La pièce fut supprimée, et le Théâtre-Français eût été fermé si le procès avait duré plus longtemps.

Dans la *Campagne de 1814*, il fit défendre la représentation du tableau parlant, parce qu'on lui rapporta que le public applaudissait l'ariette :

> *Et vous aviez, pour faire des conquêtes,*
> *Et vous aviez ce que vous n'avez plus.*

Je ne puis me refuser au besoin de rapporter une anecdote qui peint d'un trait l'esprit soupçonneux et inquiet de Napoléon, et l'importance qu'il mettait à une représentation théâtrale.

M. Dupaty avait donné à Feydeau une petite pièce en un acte. Cette pièce était passée à la censure sans modification. Dans une scène, deux portiers se prennent de dispute, l'un d'eux provoque l'autre en lui disant : « Sais-tu bien que j'ai servi ? » Son camarade lui répond : « Et moi, je sers encore. » Napoléon crut voir dans ce jeu de mots une insulte à l'armée. Le lendemain, à huit heures, il mande le ministre de l'intérieur et celui de la police, qui le trouvent dans les fureurs d'Oreste. Il les insulte, crie au scandale, rien ne peut le calmer. Il prononce de suite l'exil de Dupaty pour les colonies. Il chasse, par décret, Campenon des bureaux du ministère de l'intérieur, parce qu'il avait été censeur de la pièce. Il ordonne au ministre de la police de vérifier sur-le-champ si les acteurs n'ont pas pris les costumes des sénateurs ou conseillers d'État pour cette représentation, en déclarant que si cela était, il leur ferait couper les oreilles à la garde montante. Comme ces prétendus costumes se trouvèrent d'anciens habits du magasin, les comédiens conservèrent leurs oreilles ; mais Dupaty fut embarqué à Brest, et Campenon perdit sa place.

Cette anecdote m'en rappelle une seconde qui remonte à la deuxième année de son consulat, ce qui prouve que ces principes étaient depuis longtemps dans sa politique. Lorsqu'il réunit à Lyon la consulte d'Italie, je fus chargé de donner des ordres à Talma et à Mlle Raucourt, pour qu'ils vinssent jouer la tragédie. On débuta par *Mérope*, et le premier Consul fut applaudi à ce vers :

> *Le premier qui fut roi fut un soldat heureux.*

Ces applaudissements ne furent pas du goût du premier Consul, et je m'en aperçus à l'air froid avec lequel il les reçut. Rentré chez lui après la représentation, il me demanda brusquement pourquoi j'avais fait choix de cette pièce.

« C'est, lui répondis-je, parce que c'est la seule pour laquelle les acteurs de Lyon fussent prêts.

« — Il valait mieux différer de quelques jours. Je ne veux pas qu'on joue cette pièce, ni ici ni à Paris. Qu'est-ce que cette sentence populaire : *Le premier qui fut roi fut un soldat heureux* ? L'homme qui s'élève au trône est le premier homme de son siècle. Il n'y a pas là du bonheur, il y a du mérite d'une part et de la reconnaissance de l'autre. Et puis, répliqua-t-il, que signifient ces tirades contre Poliphonte qui se conduit en homme d'honneur envers Mérope ? Pourquoi le faire égorger ? Quels motifs ? Seul, il fait son devoir, les autres sont des assassins. Je ne veux pas, répéta-t-il, qu'on rejoue cette pièce. »

Napoléon marquait souvent son étonnement de ce que nos littérateurs ne produisaient plus aucune pièce d'un grand mérite, et il ne voyait pas qu'il avait tellement rétréci le cercle, qu'il n'y avait plus moyen de donner carrière au talent. Il jugeait tout avec ses passions, et ce n'était point le mérite d'une belle conception, ni le talent d'une saine littérature qui le séduisaient. C'étaient toujours des sentiments analogues aux siens qu'il eût voulu qu'on exprimât. Heureusement, peu de poètes pouvaient se plier à ses goûts.

La rigueur dont Bonaparte donnait l'exemple était encore exagérée par les fonctionnaires qu'il avait préposés à l'examen des ouvrages.

J'ai eu un chef de bureau, au ministère de l'intérieur, qui n'avait d'autres fonctions à remplir que de censurer les pièces qu'on présentait à nos théâtres ; il était d'une sévérité extrême, et ses jugements lui étaient constamment dictés non par rapport aux mœurs ou à la morale, mais par des considérations qui lui étaient personnelles. Il s'établit un jour un débat très sérieux entre ce censeur et l'auteur d'une comédie qui plaisantait sur les mœurs des Anglais ; le censeur exigeait que l'auteur supprimât tout ce qui était relatif aux Anglais ; celui-ci s'y refusait, et, après une discussion très animée, il fut résolu que la pièce serait soumise à mon tribunal. Les parties furent invitées à se rendre dans mon cabinet, je pris connaissance de la comédie, j'entendis les parties et je me prononçai contre M. Félix Nogaret (c'était le nom du censeur). Ce vieillard, d'ailleurs très respectable, en versa des larmes ; j'essayai de le calmer, mais, pour toute raison, il me répondit ces mots : « Vous jugez bien à votre aise, vous, monsieur le ministre ; mais ce pauvre Félix Nogaret est perdu, il ne lui reste qu'à se cacher. — Et pourquoi donc ? lui dis-je. — Pourquoi ? répliqua-t-il. Parce que l'Angleterre et la France feront un jour la paix, que l'Angleterre demandera une réparation, et que, par un article secret, je serai sacrifié en holocauste. »

Dans une autre circonstance, Félix Nogaret vint me confier mystérieusement que, dans une comédie en vers qu'il avait à son examen, il y avait un valet qu'on appelait Dubois. « Eh bien, lui dis-je, c'est un nom de convention, et rien de plus commun au théâtre. — Fort bien, dit-il, mais alors le préfet de police ne portait pas ce nom ; et, tout bien réfléchi, je n'approuverai qu'autant qu'on en substituera un autre ; je ne veux pas me brouiller avec la police. Il y aura cent deux vers à refaire, mais n'importe. — C'est bien sévère, monsieur Nogaret, lui répliquai-je ; mais je vais vous proposer un expédient. Comme les valets tiennent peu à leur nom, et que les poètes tiennent beaucoup à leurs vers, remplacez Dubois par d'Herbois, et personne ne se plaindra. » Il accepta de grand cœur et avoua que, sans moi, il ne se serait jamais tiré de ce mauvais pas.

Ce pauvre Nogaret était tellement entiché de

l'importance et de la dignité des fonctions qu'il remplissait au ministère de l'intérieur, qu'il disait sérieusement (ce sont ses expressions) qu'on lui avait confié la clef des bonnes mœurs et de la morale publique.

Napoléon exerçait une police au moins aussi sévère sur les journaux que sur les théâtres. La plus légère réflexion sur un acte du gouvernement était taxée de crime. Une nouvelle indifférente alarmait sa censure. En un mot, les journalistes n'imprimaient et ne pensaient que par la police.

L'Empereur, jaloux des bénéfices que produisaient quelques journaux accrédités, finit par dépouiller les auteurs de leur propriété, et la partagea en actions aux personnes de la Cour, de manière qu'elles devinrent responsables, et les journaux perdirent, par cet acte d'injustice, le peu de liberté qu'ils avaient conservé jusque-là.

Napoléon se servait lui-même des journaux pour faire la guerre à ses ennemis, surtout aux Anglais. Il rédigeait personnellement toutes les notes qu'on insérait dans le *Moniteur*, en réponse aux diatribes ou aux assertions qu'on publiait dans les gazettes anglaises. Lorsqu'il avait publié une note, il croyait avoir convaincu. On se rappelle que la plupart de ces notes n'étaient ni des modèles de décence, ni des exemples de bonne littérature ; mais nulle part il n'a mieux imprimé le cachet de son caractère et de son genre de talent.

Les *Souvenirs* s'arrêtent brusquement sur cette fin de chapitre, comme une causerie qui s'interrompt. Cette manière si simple de laisser tomber de lui-même le récit, sans le rehausser par aucun artifice de style, montre une fois de plus, chez celui qui nous l'a transmis, une volonté bien précise d'écrire pour ainsi dire au courant de sa mémoire. Évidemment préoccupé d'éviter les entraves littéraires, Chaptal a laissé sa plume suivre l'entraînement de sa pensée, et si leur forme hâtive donne à ces pages le caractère de notes plutôt que d'une composition méthodique, elles nous ont paru d'autant plus sincères et plus convaincues. C'est ce qui fait leur valeur et c'est pourquoi nous les avons jugées dignes d'être présentées au public.

Copyright © 2021 by Alicia Editions
All rights reserved.
Credit: Canva;
COUVERTURE :Wikimedia Commons, Napoléon avant la bataille de Moscou peint par Joseph Franque; La bataille d'Austerlitz, 2 décembre 1805 peint par François Gérard ; Sacre de l'empereur Napoléon Ier et couronnement de l'impératrice Joséphine dans la cathédrale Notre-Dame de Paris, le 2 décembre 1804 peint par Jacques-Louis David.
PARTIE I : Bonaparte au pont d'Arcole, peint par Antoine Jean Gros.
PARTIE II : Bonaparte franchissant le Grand-Saint-Bernard, peint par Jacques-Louis David.
PARTIE III : Bonaparte, Premier consul, peint par Jean-Auguste-Dominique Ingres.
No part of this book may be reproduced in any form or by any electronic or mechanical means, including information storage and retrieval systems, without written permission from the author, except for the use of brief quotations in a book review.

www.ingramcontent.com/pod-product-compliance
Lightning Source LLC
LaVergne TN
LVHW011939070526
838202LV00054B/4722